光る蜘蛛の糸

油井 眞次

文芸社

目次

序章……7

第一章　幼年期〜戦争……20
変転する世情／菓子泥棒／生い立ち／苦闘／小学一年生／学校生活／蜘蛛の糸／無頼者／屋台のぜんざい屋／養子話／苦学生／独り立ち／戦争参加／入隊／飢える兵たち／練習生／恩賜の銀時計／特攻志願／最悪航空隊から古巣へ／恋人／終戦

第二章　青年期〜結婚……85
会社勤め／母の死／運転手として／工事現場／狂乱／三度、死んだ男／縁談

第三章　家長として …… 107
秀雄／子供会／拳法入門／道場創立／無情の雨／決闘／高校生／新米係長／河川管理／川の生き物／S君の病気／汚職／幽霊小屋／狂気／秀雄の変化／我が家／失踪／破局／葬儀

第四章　老いてなお …… 159
錯乱／ミルナという女／アナという女／ジョイ／失策／挑戦／夜警／ごろつき／タクシードライバー／子供の誕生／失職／パリ旅行／ノートルダム寺院／再就職／辞表／再々就職／ボランティア／大学一年生／姉の病気／借家裁判

第五章　そして、今 …… 226
武道大会／「武」の精神／素晴らしい女性たち

おわりに …… 239

光る蜘蛛の糸

序章

「老いるとは斯くも由々しきことですか」

　これは私が今年の夏、盆の墓参りに行った帰り、寺の住職の奥さんから頂いた小冊子に載っていた川柳の一つである。

　一般から募集した中の特選の句で、評には「……と思わず自分に問う日がある。さしたる病のない身を謝しながら、老苦にたじろぐ日もあるだろう。老いを享受している人の、ふとした本音が身に迫る」とあった。

　私も現在、七十七歳、喜寿を迎えた。

　川柳や俳句など全く興味のなかった私が、ふと、この句に関心を抱いたのは、一週間に一度、訪問している家の老夫婦から頂戴した一冊の詩集を読んでいたのがきっかけだった。

この家の御主人は、すでにもう十冊もの詩集を出版しているという。御夫婦は、どちらも目が不自由な障害者で、ボランティアの世話を受けており、私もそのボランティアの一人なのである。

最初に、この御夫婦にお目にかかったとき、どんなに不自由で苦悩の多い生活をされているのだろうかと同情したものである。

しかし、通っているうちに、そんな思いはふっ飛んでしまっていた。御夫婦は、二人とも心優しい明るい性格で、爽やかなのだ。

人を思いやる心、障害者とは思えない前向きな姿勢と心の深さ。

私はいろいろなものを教えてもらい、己の未熟さを恥じねばならなかった。

目が見えないということは、どれほど辛く悲しいことか私には想像もつかないが、目の見える人間より、この御夫婦はよほど世の中が見えているように思えた。

頂いたこの御主人の詩集の中に、こんなものがあった。

遺言を度々書いてまだ達者
老僧が永代供養をお引き受け

散策のコースに僕の墓地を入れ
妻も老い先に死ぬなが合い言葉
茶髪の子ニッコリ譲るバスの席
悼みつつ羨んでいるポックリ死
自殺者の命を惜しむ老夫婦

その他にも多くの詩が書かれているが、いずれも老いの苦悩がにじみ出ている。私も、それにつられて一句詠んでみた。

幼子をビルから投げる十二歳

御主人は、「これは時事川柳で、初めてにしてはよくできている」とほめてくれた。この先生も七十歳、私より少し若いが、神経痛、リウマチなど、満身創痍の身でありながら、その気配を微塵も感じさせない気力を秘めている。死や老いなどの煩悩がない訳でもないであろうに、ただ詩を友に前向きに懸命に生きている姿が素晴らしい。

目の見える私など、足元にも及ばない。

死と言えば、私も昔、海軍の特攻隊に志願し、命を投げ出そうとしたことがある。十七歳であった。

その特攻隊というのは、二百五十キロ爆弾を先端に装填したベニヤ板製のモーターボートを一人で操縦し、敵艦に突入、自爆するというものであった。なぜかそのとき、死が怖いとか悲しいなどとは一切思わず、ただ国のためにと願う一心であったのを覚えている。

幸か不幸か、それからすぐに終戦となり、一命をとりとめ未だに生きながらえている。

人間とはおかしなもので、今も私の中に特攻隊魂が生きていて忘れられず、少しでも世のためになるならばとボランティアをしているのである。

「ボランティアとは名声や地位や金銭、その他の利益を獲得するのが目的ではなく、他からの強制でもなく人のために自分を役立てようと望む、自らの意志で自分の知識、技能、労力、経験、時間、財力などを提供することである」

こんなことを教えられたことがある。その理念の根底に、人を思いやる精神が流れているのはもちろんのことである。まさに昔の特攻隊と相通ずるものがある。

しかし、やはり驚くのは、私の考えているより以上の崇高な精神で生きている目の不自由な老夫婦のことだ。それは死や煩悩を超越した、仏陀に近い心境のように見えた。

それを見た私は一念発起、人格を磨き直そうと考え、中央大学法学部に入学し勉強を始めたのである。もちろん、通信教育部。「人格を磨かなけりゃ、描いた絵は三文の価値もない」と喝破した明治の画聖・富岡鉄斎の言葉に刺激されての入学であった。

人格を磨いていない人間のすることは何をやっても本物ではないのも確かだ。ボランティアも例外ではない。

しかし、学問をしながら人格を磨くということはそんな生やさしいものではなく、一朝一夕でなれるものではないと気付いたのは、それからしばらく経ってからである。

この老夫婦の元に通っているうち、私の計画があまりにも現実離れしており、老いの身には過酷過ぎるように思え、無念であったが中断せざるを得なかった。それというのも、先に記した老詩人の無言の教訓があったからに他ならない。傲慢、自分本位、我慾……そんな心を持つ私を詩で叱咤されたのである。

そんな私に先生が、

「君も自分史か何かを書いてみてはどうですか」

私の心の中を見透かしたように言ったのである。

目は不自由ではあるが、さすが詩人だけに人の心が読めるらしい。私が、一も二もなく先生の言葉に従ったのは言うまでもない。

啄木の歌にこんなものがあった。

「眼を病みて黒き眼鏡をかけし頃
その頃より
一人泣くをおぼえし」

私に教示してくれた盲目の詩人も、涙が涸れるまで泣いたに違いない。そして心の目を開いたのであろう。

詩人先生によれば、本にするには約三百枚の原稿が必要であろうという。二枚か三枚の原稿を書くのに四苦八苦するほどの無学な私にとって、それは夢幻のような話である。

しかし、私は挑戦することを決意した。目の見えない人生を歩き続けてきた、この詩人の苦悩を思えば、何ほどのことはないと悟ったからである。

啄木は「働けど働けど　我が暮し楽にならざり　じっと手を見る」と書いた。苦なくして何事も成し得ないのである。

気の遠くなるような三百枚、私の挑戦は始まった。

そんな私の尻押しをしてくれたのは、朝日新聞に載っていた天代一善さん（八十七歳）の言葉であった。

「老いることは寂しい。しかし、黙って死ぬだけでは、惨めすぎる。老人には知恵があり、社会に貢献できることが、たくさんある。それを知ってほしい」

まさに私の思いそのものである。

しかし、言うは易く行うは難し、思い切って自分史を書こうと決意した私の前に立ちふさがったのは、文章を書くための「基本原則」という大きな壁であった。この基本原則は、私が参考のために買った『本のすすめ』という書籍の中に載っていた初心者のための一節で、それが地獄の入り口でもあった。

「５Ｗ１Ｈ」

「起承転結」

①「ターゲット（TARGET）」は、誰か、どの世代か

②書き手の「ポリシー（POLICY）」は何か

③それは、どのような「内容（CONTENT）」なのか

その他にも難しい約束事が限りなく続いている。これらを読んで理解することは、到底、私には無理な注文だった。結局、この原則は無視して書き始めることにした。確かに一生懸命書いても、人に読んでもらえなければ何の価値もなく、書いた意味がないのは分かっているが、そこまでやる気力も時間もないように思われ、破れかぶれの発進となったのはやむを得ないことであった。

それでも、自分の書いたものが少しでも人の目に触れ、多少なりとも役立つことになれば幸いであり、それを至高の願望として全能を尽くすのが私の使命であり、書くことの意義だと心に深く刻み込んだのである。

そして一句。

年老いて文書くことの重きかな

そうして、この自分史の題名を『光る蜘蛛の糸』とすることにした。

私は生まれつき、自分の意に副わぬ事があると頑として己の意地を貫く頑固さを持つ反面、多少なりとも正義感や、人を思いやる優しさを持つ、いわゆる臍曲がりなのである。「蠍《さそり》もどき」という虫に似ている、と私は常々思っていた。

そうして歩いて来た七十七年という人生の中で、幾度となく訪れた生死を分ける究極の場面に、目に見えぬ大きな力で救われたのを覚えている。それは、あたかも芥川龍之介の小説『蜘蛛の糸』の中に出てくる、天空から下りてくる銀色の蜘蛛の糸のような不思議な力に、よく似ていた。

私はこの短編『蜘蛛の糸』をあらためて読んで、何度もにやりとし、ふーむと嘆声を出したりした。この作品は芥川龍之介が若かりし頃のものだが、その感性の素晴らしさに接し感動をせざるを得なかったのである。

また、私は芥川龍之介を小説家としてしかとらえていなかったが、彼は俳人でもあったのを、今回初めて知った。彼はわずか十年の間に千十四句もの俳句をものしている。

「落葉焚いて葉守の神を見し夜かな」

これは尋常小学校四年、十歳のときに書いた句で、早くも神童ぶりを発揮していた。

そして横須賀の海軍機関学校教官として鎌倉に在住していた折、

「熱を病んで桜明りに震へ居る」

「冷眼に梨花見て轎《かご》を急がせし」

この二句を書いて『ホトトギス』に初入選している。

「尿《いばり》する茶壷も寒し枕上《まくらがみ》」

これは精神も肉体も困憊の極に達していた頃の作で、数カ月後、薬を飲んで自殺し果てた。

自殺したその夜、伯母に託した短冊に、

「水洟や鼻の先だけ暮れ残る」

と書き遺したという。まさに凄愴味《すごみ》を帯びた句である。

自分史を書こうとしている私に、芥川龍之介が素晴らしい贈り物をしてくれたように思ったのは、彼の句の感性に初めて触れ、その素晴らしさに心の琴線を揺さぶられたからである。

老骨の私が書く自分史が、いかにお粗末で屁にもならないようなものであろうとも、これに精根を傾け仕上げることができるならば、私にとってこれは最上の喜びであり、生きる力ともなるのである。

私がなぜ芥川龍之介にこれほどこだわっているかというと、いくつかの大きな理由がある。

先にも書いたように、長い人生の中で生死にかかわる局面に出合ったとき、幾度となく目に見えぬ大きな力で救われてきたことが、『蜘蛛の糸』の不思議な力に似ていたからでもあるが、その他にもさまざまな理由があるのだ。

私が若い頃から親しんできた武道の精神に引き寄せられたことも、理由の一つである。

私は剣道、居合道、柔術、少林寺拳法などを終生の友として、今でも取り組んでいるが、いずれも『蜘蛛の糸』の中に出てくる釈迦の説かれた仏教の道が絡んでいる。沢庵禅師の書いた『不動智神妙録』や『大阿記』なども、仏教の心がその中心になっているが、それが柳生宗矩や小野次郎右衛門などの剣道家の心の指針ともなっているのである。

次に、私が最も心酔しているのが少林寺拳法である。これは昔、インドの達磨禅師が、禅の教えとともに護身術を中国に渡り伝えたもので、それを日本の宗道臣という人が苦心の末、修得し日本に持ち帰り伝えたものである。

その教えの根底には厳然として仏教の教えが存在しているのは必然であり、人間完成の正道を説かれた釈迦の深い息吹きを奥深く秘めている。

そして今一つ、書き加えたいのは、心の問題である。武道にしても、茶道、華道などにしても、まず心を鍛えることを挙げているが、年月を重ね、師匠と呼ばれ先生と称されるようになると、高慢というものが芽生え、鼻高々の天狗になるのがほとんどと言ってもよい。五十年も武道をやってきて、そんな事例をいやになるほど見てきた。

かく言う私もその一人であるが、同格の人との確執を感じるとすぐに脱会し、他に道を求めた。しかし、いずれも皆、同じ結果に終わり、今ではただ一人、道を探し求めている始末である。

人格を高めるはずの修行が、かえって人格を退化させる因となっている。恥じ入るほかない悲しい現実である。

そんな人間が通って来た人生の道を、これから少しずつ記憶を掘り起こし、綴っていくことにする——。

第一章　幼年期〜戦争

変転する世情

私が生まれたのは大正十五年（一九二六年）六月十五日。広島市のど真ん中、石見屋町という街で、父・喜一、母・フユとの間に第三子として産声をあげた。

当時、世界の状勢は芳しいものではなく、何やら一触即発の様相を見せ始めていた。

中山艦事件、蒋介石が戒厳令を公布し実権を握る。

英で炭鉱スト、二百五十万人が参加し全土麻痺状態になる。

上海の労働者武装蜂起。

英軍、租界防衛のため、上海上陸。

大正天皇、崩御。

その他、アメリカのリンドバーグが三十三時間をかけて大西洋無着陸横断飛行を成功させ、「翼よ、あれがパリの灯だ」という有名な言葉を残した。

そして芥川龍之介が自殺したのもこの頃であった。後年、私が芥川龍之介について興味を持ったのは偶然であったが、何やら因縁めいたものを感じたからかもしれない。

一九二九年、アメリカの株式市場は前年に空前の出来高と高値を記録し、ウォール街は強気相場となって、この年の九月はピークを迎え、庶民も信用取引に深入りしていった。しかし十月二十四日、後に暗黒の木曜日と呼ばれるこの日、空前の大暴落を来し、後場で持ち直したものの五日後の二十九日、ふたたび大暴落。たった一日で千六百四十万株が売られ、全米の流通通貨額の二倍に当たる百億ドルが消えていった（暗黒の火曜日）。以後、一九三〇年代に続く世界恐慌の幕開けとなったのである。

その世界恐慌の波が日本にも影響を与えないはずはなく、大不景気の中にもがくことになった。

そんな最中に、父が死んだのである。

菓子泥棒

朝から降り続く雪が、七つの川で彩られているデルタの街、広島を美しい銀世界に変えていた。そこをかき分け、古ぼけた電車が家々の軒先をかすめるようにガタガタと通り抜けていく。

そんな静かな雲景色を突き破るように、鋭い音が街の一角から洩れてくる。

ピシ！　ピシ！

今にも雪に押しつぶされそうな傾きかけた長屋の一軒屋から洩れ出てくる音である。たった六畳一間の長屋の畳の上で、着物をまくり上げられ尻を丸出しにされた私が、母親の手に握られた竹の物差しで尻を叩かれているのだ。

空腹に耐えている兄弟二人のために、末っ子で四歳だった私が、近所の菓子屋から一袋の菓子を盗み取ってきて、兄弟で食べたことに対するお仕置きだった。住み込みの仲居をしている母親が、月に何度か食費などを持って帰ってくる途中、菓子屋のお内儀から一部始終を聞いたのである。

「人様の物を黙って盗ってくるのは泥棒で、世の中で一番悪いことなんよ。じゃけん、エンマ様に代わってばちを当ててとるんのよ。分かるかい」

今まで見たこともない怖い顔だった。いつも優しい母の目には、涙が薄くにじんでいた。

しかし、私は幼いながら歯を食いしばり涙一つこぼさず、激しい痛さに耐えていた。それは湿地の岩陰にひそみ、辛抱強く獲物を狙う「蠍《さそり》もどき」のしぶとさによく似ていた。

元々、生まれついて強情な私ではあったが、このお仕置きによってさらに「蠍もどき」は天邪鬼さを増したようだ。それが将来にわたってずっと心の中に棲みついたのである。

私の尻が真っ赤にはれ上がった頃、ようやく母の手が止まった。

「赤貧洗うが如し」。私たち兄弟の生活はまさにその上を行く、究極の貧乏生活を強いられていた。そんな子供をほうっておけばどのような不良の子供になるか、よく見通した上での涙の折檻であったのだろう。そのお陰で三人の子供たちは、いかに苦しい場面に出合っても、曲がったことをしたことは一度もない。特に私は張本人だけに、正義感とともに人を思いやる心を人一倍、心の底に植えつけたのである。

私たち兄弟が住んでいるボロ長屋の路地を挟んだ向かいの一軒屋に、一人の美しい若い女が住んでいた。

噂によれば「お妾さん」だという。

子供たちにそれが何を意味するのか分かるはずもなかったが、私はその人を観音様だと思っていた。時々、美しい顔に淋しげな笑みを浮かべ、「これを食べなさい」と数個のにぎり飯を白い手で差し出し、私の手に握らせてくれるのである。私たち兄弟の苦境を察し、度々差し伸べてくれた愛の心であった。

七十余年も経った今でも、この観音様の白い手と、涙ながらに折檻を加えてくれた母親の手を忘れたことはない。

貧しいながらも、己の信念を貫き通して生きてこられたのも、この人たちのくれた温かい愛の手があったればこそである。

生い立ち

私の人生は決して平坦なものではなかった。どちらかといえば我武者羅《がむしゃら》で、波乱に満ちた生き様だったように思える。安らかな思いをしたことなど全く覚えがなく、血筋というのか、馬車馬のごとくただひたすら走り続けた思いだけが残る。

私の生家は大きな洋服商で、多くの職人とお手伝いがいる裕福な家庭であった。先祖は広島でも名だたる名家であり、父は常にそれを自慢していたという。

死んだ父親は酒を飲むと、

「わしらの先祖は元禄時代、油屋喜兵衛と呼ばれた由緒ある家柄じゃけんの。お前たちもしゃんとせにゃいけんぞ」

と言うのが口ぐせだったらしい。

母親のフミは海田の山奥の農家の娘で、村でも評判の美人姉妹の一人であった。そんな母を見初め、たっての望みで嫁に迎え入れたのである。

母方の血を引いたのであろうか、兄弟たちはいずれも目鼻立ちの整った品格のある顔立ちをしていた。そして、武士に似た凛としたものを持ち合わせていた。

しかし、私が三歳のとき、突然、不幸が一家に襲いかかった。大黒柱だった父親が、あっという間もなく子供たちを遺し、一人あの世へ旅立っていったのである。

見かけほどの財産はなく、莫大な借金を残して死んだ父親のつけは大きかった。借金のかたに家屋敷を持っていかれ、母親と幼い子供三人は着のみ着のまま、世界恐慌のあおりを食らって不況風が吹き荒れる社会のど真ん中に投げ出されたのである。

先祖代々続いてきた家系は一瞬の間に没落、栄華の暮らしは露《つゆ》と消え去った。母親は涙の乾く間もなく、幼い三人の子供を裏長屋の一軒に残し、自らは旅館の住み込み仲居となって働き始めたのである。

一夜にして大店《おおだな》の奥様から仲居となり、三人の子供を養うはめになった母親の戸惑いと絶望感は、はかり知れないものであったと思われる。

苦闘

抜け道もないと思われる苦境に立って、しかし母親はくじけなかった。生まれつき気丈な性格の母である。敢然と運命に立ち向かっていったのである。

しかし、少ない給金の中から長屋に送られてくる金はすぐに底をつき、子供たちは常に飢えと闘わねばならなかった。月のうち半分以上は食物を口にすることがないという哀れな状況であった。

薄っぺらな煎餅布団の中で震えながら、

「腹がへったよ」

「寒いよ」

そんな兄弟たちの声を耳にした私はものも言わず家を飛び出し、菓子を盗み取ってきたのである。積極的で大胆な幼い私が、兄弟たちに食べさせたい一心で犯した罪であった。蠍《さそり》は蠍でも人を思いやることのできる、毒を持たない蠍もどきとも言えるものだった。

飢えに苦しむ兄弟たちに時折、天が恵みを与えてくれることがある。節分がそれだった。その日が来ると兄弟たちはてんでに小袋を持ち、「鬼の豆をちょうだい」と町内の家々を回って歩く。商店や家々では、やってくる子供たちの袋の中に煎った大豆を一掴みずつ入れてくれる。ときには菓子や一銭銅貨がまじっていることもある。

地獄の餓鬼のような生活をしている兄弟たちにとっては、まさしくお釈迦様が天から下ろしてくれた蜘蛛の糸であった。これは、年に一度の物乞いの真似事であり、命をつなぐ支えでもあった。

小学一年生

私が小学校に入学する日、あいにく朝から雨が降っていた。

「まるで傘が歩いているようだ」と、登校する私の姿を見て母が笑った。私の小さな身体は、すっぽり傘の中に隠れてしまうのだ。

背負っているランドセルは古ぼけた兄のお古で、中にある教科書も帳面も皆、兄のお下がり。満足なものは一つもなかった。当時は教科書などの学用品は自費調達だったから、貧乏な私は何も買ってもらえず、随分と情けない思いをした。

隣の席の友人に、

「ちょっと見せてくれ」と教科書を盗み見しながら勉強をしなければならないという哀れな状態だった。それでも私は恥ずかしいとか悲しいと思ったことは一度もない。幼い頃、母親に竹の物差しでぶたれたときのすさまじい教訓が身体にしみ込み、いつしかそれが性格になっていたのだ。兄のお下がりのボロ服・ボロ靴もまるで気にならなかったが、パンツをはいていないのだけが少々気がひけたくらいだ。

ただ、空腹という昔からのしがらみから抜け出せないのが悩みの種だった。

昼休みが近づくと級友たちは競ってストーブの周りに弁当箱を並べ始める。弁当など持っていない私は、それらを横目にそっと教室を抜け出し、屋上から青い空を見上げたり川の流れを眺めたりして腹の虫をなだめるのだった。

一度、学校を抜け出し、母親の働いている旅館へ行ったことがある。母は近くの食堂でカレーライスを食べさせてくれた。そのカレーライスのおいしかったこと。未だに忘れ得ないでいる母の思い出である。

しかし私はただ腕をこまぬいて、空腹を我慢していたわけではない。朝早く起き、新聞配達もした。その他できるものは何でもやり、他の兄弟たちが真似のできない働きを示した。少しでも家のためにと思ったのだ。

しかし一度、ラムネ屋の手伝いをしていたとき大失敗をやらかしたことがある。主人の命でラムネ一箱を自転車の荷台に積み、得意先に運んでいたときだった。曲がり角で不意に車と出合い、とっさに足をつこうとしたが足が地面に届かず、自転車ごとひっくり返り、ラムネは一本残らず粉々になってしまったのである。

私の足が短かすぎたのだ。

もちろん大目玉の末、クビになった。

幼い頃からろくなものを食っておらず、学年ではいつでも先頭に並ぶチビ助だった。そんな子供が大人の自転車に乗ることなど、どだい無理だったのである。

学校生活

小学六年の暑い盛り頃だった。

休憩時間のベルが鳴った途端、私は級友たちに担ぎ上げられ、隣の女子教室に放り込まれた。

その女子教室には、私たち男子教室で常に噂の的になっているマドンナ的存在の美少女がいた。薄汚れたなりをしている私は顔から火の出るような思いであった。

ほうほうの体で逃げ帰ってきた私は、

「何じゃ、お前ら、卑怯者が。何でこんなことをしたんじゃ」

と怒鳴った。しかし、犯人たちは、ただにやにや笑うばかりである。

そのいたずらの真意が何なのか、私にはよく分からなかったが、級友たちはおもしろ半分にマドンナと私をつき合わせようと計ったに違いない。私はそう思っていた。おませな子供たちなのである。

貧乏丸出しのそんな私でも、担任の山田先生は常に優しく見守ってくれていた。

ある日、先生が校庭の隅に私を呼び、

「先生の自転車を放課後、磨いてくれないか」と言った。

一回一銭をくれるという。私の貧乏生活を少しでも助けてやろうとする先生の親心だった。

私は放課後、毎日、先生の自転車をボロ布で一生懸命磨いた。その一銭がどれだけ私の空腹をやわらげ、心を癒してくれたか計り知れないものがあった。その上、その先生は人を思いやる優しさまで教えてくれたのである。

一銭の自転車磨きもさることながら、書き方の時間でも、何一つ道具を持っていない私を、見て見ぬふりをしてくれていた。

京都の修学旅行のときも、その費用が出せず諦めていた私を、自腹で費用を立て替え、連れていってくれた。しかし、せっかくの京都旅行も私にとっては楽しむどころか、苦難の旅行となってしまった。生活環境の劣悪さによる不摂生と栄養不良がたたり、トラホームにかかって目が真っ赤に充血し、景観を楽しむ余裕などなく痛みに耐えるのが精一杯だったのである。

「小便をかけたら治る」という仲居さんの言葉を信じ実行したが、治るどころか、ますますひどくなり、先生方に心配ばかりかける結果になってしまった。

山田先生の温情を無にしたばかりか心配をかけ通した己が情けなく、落ち込むばかりだった。しょせん、貧乏人はこんな贅沢な旅行をする資格などないのだ、とひがんだりもした。

山田先生だけは、そんな私をいつも温かく見守ってくれていた。

蜘蛛の糸

食うに事欠く貧乏暮らしを続けている私たち一家に、夢のような話が舞い込んできたのは、彼岸桜の花が散り始めた頃だった。

その花びらを踏みしめながら、一人の老人がおんぼろ長屋にやって来て、

「お前が信か。そっちがすみと喜作だな」

大きな声でそう言いながら、家の中を覗き込んだ。背の高い頑固そうな老人だった。

兄弟たちはただ、おずおずと見つめていた。

「おう、おう。皆ええ子じゃ」

目を細めながら皆の頭をなで、一銭銅貨を一つずつ握らせると、

「じゃあの」

と言って、さっさと帰っていった。得体の知れぬ爺だった。

それから間もなく、私たち兄弟は住み馴れた長屋を引き払い、市の西部にある小綱町の昭和旅館という小さな旅館に移っていくことになった。

この旅館の主人は川本仙太郎という、先だって私たちの長屋を覗いたあの人物であった。私たちの母親が仲居として働いている旅館にこの仙太郎がよく出入りしているうち、母とねんごろの仲となり、「三人の子供を一緒に引き取ってやってもよい」ということになったらしい。

私の母は軽々しく男の口車に乗るほど、やわな女ではないはずだが、そこらあたりの事情など子供たちに分かるはずがない。

旅館とは名ばかりで木賃宿にちょっと毛が生えたような薄汚い宿屋だった。それでも子供たちにとっては、天から下りてきた一本の蜘蛛の糸によって救われた思いであった。何よりも三度三度の御飯が食べられるのが最高の喜びだった。一つの部屋が兄弟たちに与えられ、毎日、五右衛門風呂に自由に入れること、そして今まで寝たこともない暖かい、ふっくらとした布団に寝られるのが夢のように思われた。

しかし、この家の主人・仙太郎は大の吝嗇家《りんしょくか》で、どけちの見本みたいな頑固爺で

あった。時々、兄弟たちに、

「あそこの道の角っこに下駄の片っぽが落ちているから拾ってこい」

「あの橋の上に木片がころがっていたら取ってこい」

などと命じるのである。風呂の薪にするつもりなのだ。仙太郎自身も外へ出ると必ず何かを拾ってきていた。

姉と兄は「体裁が悪い」と言って、仙太郎の言うことを聞こうとしなかった。

私だけはちょっと違っていた。すぐに「ハイ」と返事をすると勢いよく飛び出し、何でも拾ってきた。はしかゆく（すばしこく）、そつがないのだ。仙太郎の命じることを「ハイ、ハイ」と素直に聞き、いやな顔一つ見せたことがない。仙太郎におもねるというのではなく、考えるより先に身体の方が動いてしまうのである。

そういった行為は作為的なものではなく、持って生まれた積極的性格がなせるわざと言うべきものだった。「蠍もどき」は辛抱強く、俊敏かつ勇猛果敢な生物だが、私はそれに加えて性格的とも言える賢明さを兼ね備えていたのである。

仙太郎はそんな私を常に自分の手足のようにこき使った。毎晩、宿帳を交番に届けに行くのも私の役目になっていた。

仙太郎の命で最初に交番に宿帳を届けに行ったとき、当直の警官にこっぴどく叱られた。

「こんな、みみずのはったような字が読めるか」

ひどく立腹した警官は、サーベルをがちゃつかせながら宿帳を私の足元に投げ返したのである。よほど、虫の居所が悪かったらしい。

私は宿帳を拾うや、すぐさま旅館にとって返し、仙太郎に気づかれぬように毛筆で書き直すと、ふたたび交番へ息を切らしながら走った。

新しく書き直された宿帳を見ていた巡査は、「ま、いいか」としぶしぶ納得した。小学生が書き直した字の方が仙太郎より少しはましだったのだ。

それ以来、この役目は私が受け持つようになった。

無頼者

当時、広島の街には東遊郭と西遊郭の二つがあり、ともにその栄華を競い合っていた。昭和旅館のすぐ近くに西遊郭があり、夜ともなると昼をあざむく煌々たる灯りがともり、多くの男女のざわめく声が絶えることなく聞こえてくる。その遊郭であぶれた酔客が、家にも帰れずこの昭和旅館にころがり込んでくる。

そんな連中の一人に「馬車牽きの熊」という男がいた。いつも旅館の前に馬車を置き、毎晩のように泊まり続けている常連だった。

馬車牽きの熊は大の酒飲みで、毎日酒を飲み、自分の腕に太い注射を打つのを習慣としていた。身体中のあちこちから黄色い膿を出し、汚いことはなはだしい。

そのうち、この馬車牽きの熊はいつの間にか姿を消していた。

「あいつは梅毒か何かじゃけん、どこかで野垂れ死にでもしとるんじゃろ」

仙太郎は事もなげに吐き捨てた。

屋台のぜんざい屋

ある日、仙太郎が母を呼び、

「すまんが今日から裏の川土手で屋台を出し、商売をしてくれないか」

と申し訳なさそうに言った。その商売というのは、遊郭に近い川土手の上に屋台を出し、ぜんざいを売るというけちなものだった。経営不振の旅館の穴埋めに、遊郭帰りの酔客やアベックを狙って日銭を稼ごうというのだ。

このとき、私は、「この旅館は相当行き詰まっており、近い将来ぶっ潰れるのではないか」と思った。

夜、遅くまで寒い冬空の下でぜんざいを売っている母を気づかって、私は時々様子を見に行った。

「お母さん、何か手伝おうか」

「大丈夫だよ。お前こそ風邪を引いたらいけんけえ、ぜんざいでも食べて早う帰って寝んさい」

と反対にさとされ、すぐに大きな丼にぜんざいをよそってくれるのである。

気丈な母だった。

湯気の立ち上る温かいぜんざいは、母の心のこもった甘く切ない味がした。

養子話

ある日、私が学校から帰ると、

「ちょっと、わしの部屋に来い」

と仙太郎が呼んだ。

「信、お前をわしの養子にしようと思っとるんじゃが、どうなら」

狐につつまれたような突然の話だった。

仙太郎には後継ぎがいないと聞いてはいたが、まさか自分に白羽の矢が立つとは思ってもいなかったのだ。「養子といっても、この倒れかけている旅館の後継者ではあまりパッとしないな」と私は思った。

「今度の日曜日、わしについてこい。山口の実家を見せてやる」

仙太郎はせっかちだった。彼に逆らうことなどしない私は、言われるままに山口に向かって汽車に乗った。

山口の大畠という小さな漁村の山の麓に、仙太郎の実家が建っていた。その頃では珍しい洋風の応接間をしつらえ、どっしりとした立派な構えである。

出迎えた若い娘に、

「少しの間、この子の面倒を見てやってくれ」

と言うなり、仙太郎はどこかへ出かけていってしまった。

どういうわけか、この娘は私に対して愛想があまりよくなかった。私を養子にというのが気に食わないと見える。

私は毎日、山や海に行って思い切り遊んだ。生まれてこの方、こんなに自由に羽を伸ばしたことはない。家の裏手にある、いちじくの木を見つけた私が、実を取ろうと木に登りかけたとき、目の前に大きな蛇が鎌首をもたげているのを見て驚き、転がり落ちたのは不覚だった。

「ここの中学校に入れたるけえの」

と仙太郎は言ったが、その舌の根も乾かぬうちに突然破局が訪れた。

昭和旅館が潰れ、人手に渡ってしまったのである。

仮にも旅館と名の付く商家の主婦が夜中に屋台を引いてぜんざいを売るようでは、およその先が見えていると言っていい。私の推測は外れていなかったのだ。

私たちはとりあえず近くの空家を探し、移り住んだ。しかし、仙太郎は姿を消したまま、全く姿を見せなくなった。

収入の道を閉ざされた一家は、ふたたび飢えと闘う破目になってしまった。飢餓の海からはい上がってきた人間は、そのしがらみから抜け切れない運命なのだろうか。

仙太郎に山口の中学校に入れてやると言われた夢も消え、失望していた私にふたたびその夢が甦ったのは、桜の花がほころび始める頃であった。

母が私を中学校へ入れてやると言うのだ。

母が熱心に信仰を続けていたある宗教団体の建てた奈良の中学校で、貧しい家庭の子弟を中心に、昼は働き夜勉強するという夜間中学である。

「昼間は商店で働き、夜、中学校で勉強するんじゃ。きついと思うが、それでも行ってみるか」

息子を気遣う母であった。私に否応はない。

「金は一銭もいらんが、その代わり他人様の家に住み込み学校へ行かせてもらうんじゃけえ、やねこいのは分かっておろうの」

と釘を刺された。しかし今までさんざ苦労をしてきたのだ、何ほどのことはない。私は高をくくっていた。

桜の花が散り始めた頃、母と私は大阪行きの船に乗っていた。私にとって初めての船旅、いよいよ中学生である。私の夢は大きく膨らんでいた。

大阪から奈良に向かった二人は、その足で私が世話になる商店に着き家族に紹介された。その店は小さな文房具店で、四十代の夫婦と生まれたばかりの赤ん坊の三人家族だった。

母は「卒業するんだよ」と私を励まし、一人広島に帰っていった。

私の寝る場所は店の二階にある倉庫で、足の踏み場もないほど商品が積み上げてあった。寝る場所なんかどこにもない。

商品を片付け、やっと二畳ばかりの空間をつくり、古机を探し出して置いた。幼い頃、兄弟三人で暮らしたあの六畳一間よりもっと惨めな空間だった。

苦学生

寝苦しい一夜が明け、うとうとしている私の耳に、

「ぼんさん、早よう起きなさい」

奥さんのかん高い声が響いた。

急いで身支度をして下に降りていくと、

「店を開けて掃除をしなさい」

「台所の掃除を頼みますよ」

奥さんが矢継ぎ早に私に命令をする。

それらが済み朝食が終わると、自転車と帳面が私に渡され、

「しっかり注文を取ってくるのですよ」

と送り出された。

この街のほとんどが信者の家で占められ、多くの教会がひしめき合っている。それらを回って文具の注文を取ってくるのが私の仕事であった。まだ十三歳の少年に注文

取りのこつなど分かろうはずもなく、懸命に走り回ったが、一つか二つの注文しか取れなかった。

なけなしの注文を持って帰ると、主人夫婦は明らかに不満顔で、次々と雑用を言いつけた。

「赤ん坊のお守りをしてください」

「洗濯もついでにね」

全くの使用人扱いである。

その日の仕事がやっと終わり、夕食が済むと初めて学校へ行くことが許される。朝早くから夕方まで休む間もなく働いた私の身体は疲れ切っていた。教室で懸命に目を開こうとするが、意地の悪い睡魔が襲いかかり、ついうとうととなる。先生の声も夢の中、勉強どころか睡魔と闘うのが精一杯だった。

そんな状況が続くうち、次第に勉学に対する意欲も薄れ、何のために学校に来ているのか分からなくなってきた。先生も生徒たちも皆、敵に見えた。

その上、住み込んでいる店も次第に鼻についてきた。度のきつい近眼鏡をかけた主人と狐のような顔をした奥さんがうとましかった。以心伝心というのか、主人夫婦もこの小生意気な中学生を嫌っているようだった。

私が最も気に障るのが「ぼんさん」と呼ばれることだった。「ぼんさん」とは俗にいう丁稚《でっち》のことで、その家の最下級の者に与えられる侮蔑の言葉なのだ。

仮にも俺は中学生だ、頭ごなしに下男扱いされてはたまったものではない、と、自尊心を大いに傷つけられた。衣・食・住、その上、学費までみてもらっているのだから文句を言える筋合いではないが、私に対する主人夫婦の扱い方があまりにもひどすぎるのが腹に据えかねていた。

そんなある日のこと。

いつものように赤ん坊を背負って街を歩いていると、赤ん坊の様子が少しおかしくなっているのに気づいた。慌てて家に連れて帰ると大変な熱である。

それから三日後、赤ん坊はあえなく死んでしまった。

「ぼんさんの守りの仕方が悪いから死んだんよ！」

愛児を亡くした母親の憎しみがもろに私にぶつけられた。目がつり上がり、本物の狐になっていた。逆恨みもいいところだが、母親としては愛児を失った悲しみを「ぼんさん」に向けるしかなかったのであろう。

それからというもの、今まで以上の憎悪が私に向けられるようになった。学校の勉強もままならず、その上店で憎しみの対象にされたのでは、たまったものではない。

ついに蠍もどきが切れた。

「もう、ここにいる価値はない」

私の決断は早かった。

「広島へ帰ろう」

次の日、朝早くすばやく私物を行李《こうり》に詰め、家族に気づかれぬように家を抜け出すと、駅に向かって一目散に走った。母の戒めの言葉も、人に迷惑をかけるだろうなどという思いも、一切念頭に浮かばず、ただひたすら街の中を走り続けた。

幸い、誰にも気づかれることもなく大阪港に辿り着くことができた。

安心感とともに急に空腹を覚え、私は港の中の食堂で一杯のうどんを注文した。しかし、これが大きな誤算だった。いざ乗船券を買おうと財布を開けると、うどんを食べた分だけ船賃が足りないのだ。

広島に帰ることができない。頭の中が真っ白になった。困り果てた私は切符売場の若い女事務員に、

「広島に帰るんじゃが、少しお金が足りんようになった。何とかしてもらえんじゃろうか」

と頼んでみた。

行李を担ぎ、何やら訳あり気な少年を見ていた若い女事務員は、黙って広島行きの切符を私の手に握らせてくれたのである。

「気をつけてね」

優しい目が私を見つめていた。

おそらく不足分は自腹を切ってくれたものと思われたが、幼い頃おむすびをくれたあのお妾さんと同じ観音様のように見えた。もし、この人の情けがなかったら、私は広島にも帰れず、途方にくれた挙句、道を踏みはずし、とんでもない人生を歩んでいたかもしれないのだ。何か不思議な力が私を守ってくれているように思われてならなかった。

広島に帰り着いた私は、学校からも周囲の人からも、学校に帰るよう説得されたが、一度閉じた心の扉を開こうとはしなかった。母にも一度同じことを言われたが、私が首を横に振ると、もう何も言わなかった。

独り立ち

母にだけは申し訳ないと思っていた。

母にこれ以上、迷惑をかけるわけにはいかない。私は家を出て自立しようと心に決めた。

そんなとき、市の郊外にあるM重工が工員を募集しているのを知り、すぐ応募、採用されることになった。この工場は私が自立するに最もふさわしい場所であった。工作機械を粗機から一貫生産する大規模な設備を備えた大工場で、将来、中堅工員を養成する青年学校を擁立し、生徒全員を寮に収容する全寮制を採っていた。衣・食・住すべて会社が面倒をみてくれる上、中等程度の教育も受けさせてくれるというのだから、私にとっては願ったり叶ったりだったのである。

私は自立の一歩を踏み出した。

学校の寮生活は規律正しく、午前は中等学校程度の数学、国語、英語などの授業、午後は工場での実習と、充実した日々だった。

午前中の学科の中には、剣道や軍事教練が正科として取り入れられていた。その中でも剣道は私の最も好きな科目だった。幼い頃から妙に日本刀に興味を抱いていたのだ。

私たち兄弟が貧乏長屋から昭和旅館に引き取られた頃、旅館から西遊郭に通じる道の角っこに、いろいろながらくたを並べた古道具屋があった。その店先のショーウィンドウに飾られていた一本の日本刀が、私との運命の出合いで、生涯をともにすることになるのである。妖しく底光りする刀身、鋭い切っ先、反りの形の美しさ、そんなものがなぜか私の心を捕らえて離さなかった。

それが今、剣道の道へとつながったのだ。母から叩き込まれた剛気な「蠍もどき」の心にも相通ずるものがあったのであろう。

学年末、恒例の剣道昇段試験が行われた。

私は何人かに勝ち抜き、最後の一人と対戦したとき、下手くそな横面をまともに食らい、右耳の鼓膜が破れてしまった。運が悪く、水でも入ったのか高熱が続き、やむなく家に帰り医師の診断を仰いだ。

「重症の中耳炎で、脳膜炎になるおそれがある」

との診断だった。愕然とした。

信仰心の篤い母が一晩中、寝ずに患部を氷で冷やし続けてくれた。

一夜が明け朝日が部屋に射し始めた頃、不思議なことに重症と言われた中耳炎は、ころりと治っていたのである。母の思いがもたらした奇跡だった。

この頃、母一家は貧乏生活から抜け出し、二階建ての一軒屋に住み、駅前で喫茶店を経営していた。そのあまりの変わりように疑問を持った私が母に訊ねてみた。

「そう、みんな姉さんのお陰なんよ」

と憂い顔で目をうるませた。

姉は家のために身を犠牲にしたのだ。私はうすうすそう感じ取ったが、知らぬ顔をしていた。

以来、私はこれについて一度も触れたことはない。


その頃（昭和十四年）ちょうど英仏がドイツに対して宣戦を布告し、第二次世界大戦が勃発、ヨーロッパは大動乱に陥っていた。

日本も、ソ連とノモンハンで衝突するという事件が勃発。ソ連は続いてフィンランドにも侵攻していた。ドイツはノルウェーとデンマークを占領、オランダもドイツに降伏、ドイツはパリまでも占領した。イタリアも英仏に宣戦布告。日本軍は北部仏印に進駐。そして日独伊三国同盟が調印された。

昭和十六年十二月八日、日本はついに米英両国に宣戦を布告、開戦と同時にハワイ、香港、フィリピン、マレー半島へ一斉に攻撃を行ったのである。

ハワイの真珠湾軍港に停泊中の米太平洋艦隊は、日本の海軍航空隊の奇襲で戦艦群が全滅させられ、十日にはマレー沖で「プリンス・オブ・ウェールズ」など英戦艦二隻を撃沈し、四年間にわたる太平洋戦争が始まった。

しかしその後、南太平洋のガダルカナル島では、米軍の攻撃の前に日本軍は全滅、さらにミッドウェー海戦では、日本海軍の不手際もあって、空母四隻が全滅した。それ以後、日本は守勢に立たされるに至った。

太平洋戦争で海上最後の決戦となったレイテ沖海戦では、日本が世界に誇る六万五千トンの戦艦「大和」、「武蔵」が米軍二百五十機の攻撃を受け、沈没した。

これによって日本連合艦隊は壊滅状態になったのである。

その上、太平洋での敗色を挽回しようとしたインパール作戦も失敗。参加兵員十万人中三万人が死亡、二万人が負傷する悲惨な結果に終わってしまっていた。

戦争参加

大東亜戦争も日に日に激しさを増し、街のあちこちに「少年飛行兵」募集のポスターが張り回されていた。国民も一様に危機を感じていた。

この状況を黙って見過ごすほど、私はやわでなかった。

私が予科練に入ると決めたのは当然の成り行きだった。一つには母に対して今まで親孝行らしきものをした覚えがなく、心配ばかりかけたことへの償いの意味があった。国のために一身を捧げることで、親孝行の真似事にもなろうかと考えた上での決意であった。

私は会社へ退職届を提出し挨拶を済ますと、その帰途、恋人・慶子のいる診療所に顔を出した。

「慶ちゃん、わしは今度、海軍に入ることになった。もう二度と会えんと思う。あんたも元気でね」

私は精一杯、悲しさをこらえた別れの言葉を口にした。

「え、ほんと」

大きく見開いた瞳の奥に涙が光っていた。

美人というほどではないが、優しい瞳がチャームポイントで、誰にでも好かれてい
る女の子だった。私もそんな慶子を心密かに思ってはいたが、言葉に出したことはな
かったのだ。

その二人が急速に接近し、恋人同士になれたのは、ひょんなことがきっかけだっ
た。それはある日のこと、友人のUが思いつめた顔で、

「すまんがこれを診療所の慶子さんに渡してくれんじゃろうか」

と一通の手紙を私に託したのが、そもそもの始まりだった。

「自分で渡しや、よかろうが」

「わしゃ気恥ずかしゅうて、よう渡せんのじゃ、頼むよ」

友人の熱心な頼みをむげに断るわけにもいかず、私はのこのこ診療所に行き、

「Uに頼まれた」

と例の手紙を慶子に差し出したのである。

慶子はその手紙を受け取ろうともせず、悲しげな目で私を見ながら、

「うちは信ちゃんが前から好きじゃったんよ」

と胸の内を明かしてくれたのである。

私も慶子のことを思っていたのだから、うろたえ慌てふためいた。先手を取られた己の優柔不断が恥ずかしく情けなかった。

それ以来、恋仲になった二人だったが、手も触れ合うこともないプラトニックなもので、若過ぎる二人はまだ恋の意味を知っていなかったのである。Uは心ならずも二人の恋を取りもつキューピッドになり、ピエロの役を演じてくれたのだった。

しかし私たちの恋は短く、はかなかった。

私たちはその後、二度と会うことはなかった。

入隊

昭和十九年二月五日、私は家を出ることになった。大竹海兵団に入隊するのである。

まだ暗い朝早くから、町内の人たちが家の前に集まった。私は一度、家にとって返した。二階に寝ている兄と最後の別れをするのを忘れていたのである。

「兄さん、行くけえの。早う元気になれえよ」

と手を握った。

「おう、もう行くか。お前もしっかりやってこいよ」

涙がとめどなく流れた。これが今生の別れになるとは神ならぬ身の知る由もなかった。

兄は家が貧しいため小学校を出るとすぐ宮島の竹細工の家に奉公に出され、朝から夜おそくまで、薄暗い小さな部屋で背を丸めながら竹を削っていた。その無理が兄を肺結核に追い込み、以来ずっと家で養生していたのである。

休暇で家に帰ると必ず兄と枕を並べて話をするのが私の唯一の楽しみになっていた。

兄は、

「病気がうつるけえ」

と私を遠ざけようとしたが、私は受けつけようとしなかった。病気など、うつる気がしなかったのだ。

それだけ兄弟仲がよかったから、別れは一層辛いものになった。

母は、私の乗った列車が見えなくなるまで、一人ホームに立っていた。その姿がいつまでも瞼の奥に焼きついて離れなかった。

ボーと鳴る汽車の汽笛が、私を一層、もの悲しい気持ちにさせた。

私の初恋の人、慶子。

心から話し合うことのできた兄。

私を愛し支えてくれた母。

この人たちと、もう二度と会うことはないであろうと思うと涙が溢れそうになった。別れというものが、これほど切ないものとは生まれて初めて知ったのである。戦場に向かう男が今さら何をめそめそと、などと言われても、十七歳の少年である。大きく切ない悲しみは隠しようがなかった。

大竹駅に着いた私は、多くの少年たちとともに砂ぼこりを浴びながら、広い長い道を海兵団に向かって歩いていた。真っ赤な朝の太陽が正面から少年たちを赤く染め、これからの彼らの将来を予感させる何かがあった。それがどのようなものか知る由もない少年たちは、ただ黙々と見知らぬ運命に向かって歩き続けていったのである。

独特な革の匂いのする兵舎に入った少年たちは、満面に笑顔をたたえた教班長に迎え入れられた。恐ろしいところだという先入観を持っていた少年たちはほっと胸をなでおろした。何もかもが新しい物ずくめ、教班長が手とり足とり親切に教えてくれる。帽子や服、靴に至るまですべて自分の名前を墨で書くことから始まった。軍服の着方、ハンモックのたたみ方、起床・就寝の仕方、食器の扱い方まで、目の回るような忙しさである。

やっと日常生活のやり方がのみ込めたと思った頃、ある日、突然、

「全員整列！」

という号令が響いた。

新兵たちはぞろぞろと、指示通り兵舎の中央通路に並んだ。

「お前たちはすでに海軍軍人である。今から海軍精神を教えてやるから、気を引き締めてかかれ」

教班長の厳しい声が新兵たちをおびえさせた。教班長の今までの笑顔は消え、鬼の形相に変わっている。

一人ずつ通路の中央に引き出され、足を開き前かがみになって両手を前方に突き出す姿勢をとらされた。

「バーン！」

すさまじい音が兵舎内の空気をふるわせた。

教班長の手に握られた太い樫の棒が、新兵の尻に叩きつけられたのである。

海軍伝統の「バッタ」と呼ばれている罰であった。頭のてっぺんから足の先まで、あらゆる神経という神経を縮み上げ、全身に激痛が駆けめぐるすさまじさだった。それは生まれて初めて味わう恐怖であり、人間の心を切り刻み地獄の闇を思わせる究極の拷問であった。

新兵たちはいっぺんに震え上がった。

その夜、ハンモックの中でそっと手で尻を触ってみると、太いみみず腫れが盛り上がっていた。

皆がやっと寝静まった頃、教班長室の方で何やらぼそぼそという声が聞こえてきた。

「教班長殿、家に帰らせてください」

一人の新兵が涙ながらに訴えているのだ。

「海軍では〝殿〟はいらん。お前はもう立派な海軍軍人である。今さら家に帰れると思うのか、馬鹿者」

けんもほろろに一蹴されてしまった。

母親の懐の温かさをまだ忘れかねている少年である。その心細さは痛いほど伝わってくるが、ここに至ってはもうどうしようもないのだ。

次の日の夜も、その少年兵はふたたび同じことを訴えていたが、当然受け入れられるはずもなく、その新兵は夜毎枕を濡らしていた。

その新兵が急に姿を見せなくなったのは、それから二、三日後のことだった。

「逃亡したんじゃろうか」

「いや、逃げてもすぐ捕まるから逃げられんじゃろう」

新兵たちはひそひそと話し合っていた。

しばらくして烹炊所の高い煙突の灰取口の中から、一種軍装を着た一人の兵隊の死体が掘り出された。それは「家に帰してください」と訴え続けていた、あの少年兵の変わり果てた姿だった。高い煙突のてっぺんまで登っていき、中に向かって飛び降りたのだ。

あまりにも厳しい軍隊生活についていく自信を失った少年兵が、せめてもの誇りである一種軍装を身にまとい死んでいる姿は他人事とは思えなかった。「バッタ」と聞くだけでも総身の毛が逆立つほどの恐怖感に襲われるその罰に、いつまで耐えられるか、私にも自信はなかった。

「彼の死は案外、正解だったのかもしれない」などと弱気心が頭をかすめる。

「そんな弱いことでどうする」

母の声だった。

幼い頃、母に尻をぶたれたときのことが思い出された。

私の身に何かあると、いつも母が傍についていてくれた。

中学を辞め家出したとき。

剣道で中耳炎の大病になったとき。

母が常に私の傍にいると思うと、どんな苦難も乗り越えることができる。

そんなふうに信じることにした。

一人の新兵の死などどこ吹く風とばかり、訓練は次第に激しさを加えていった。

カッター訓練。

銃剣術。

柔道。

徒手訓練。

新兵に必要な基礎技術が容赦なく叩き込まれていく。

その中でも新兵たちが最も恐れたのは、カッター訓練だった。厳寒の海に浮かんでいるカッターに素足で乗り込み、操法の一から教えられた。太く長い櫂は、少年兵たちのか細い腕ではなかなか言うことを聞いてくれない。それでも教班長の叱咤の声に励まされ、カッターが海の上を動き始めたのは、何度も繰り返し練習を重ねた苦労の結果であった。一斉に櫂が揃うと、カッターは勢いよく海の上を滑り出す。皆の顔に満足感が漂う。

そのとき新兵の一人が櫂を波にとられ、櫂が真ん中辺りからぽきりと折れたのである。教班長はカッターを止めさせると、いきなりその新兵の両足を持ち、頭から海の中へずぶりと沈めた。凍るような冷たい海の中で、口から泡をふきながら新兵はもがいた。

教班長は、勝ちほこった赤鬼のような小憎らしい形相をしていた。

その夜、海につけられた新兵が密かに兵舎を抜け出し姿を消した。

翌朝、その新兵は、海兵団の近くを走っている山陽本線の線路を枕に死んでいた。

厳しい訓練に限界を感じた心弱き新兵の、二人目の犠牲者だった。

飢える兵たち

厳しい訓練生活もさることながら、さらに新兵たちを悩ませたのが空腹との闘いだった。朝、昼、夕、出てくる食事は、小さな鉄椀にすり切りの麦飯と、菜っ葉が少し浮かんでいる小便汁と、たくわん四切れだけだった。

これでは育ち盛りの少年たちの胃袋を満足させることはできない。少年兵たちのわずかな休み時に出てくる会話は、

「大阪のびっくりぜんざいは大きかった」

「広島の二重焼はうまかった」

などなど、そんなものばかりだった。

新兵たちの胃袋は二十四時間、悲鳴をあげ続けていた。

ある日、食事当番の新兵が洗い場で皆の食器を洗っていたとき、洗い場の隅に溜まっていたわずかな残飯を目にし、思わず手ですくって口に入れた。

運悪く、これが教班長の耳に入ったから大変だった。

「このクズ野郎。それでも軍人か」

口汚く罵りながら、バッタを何本も新兵の尻に見舞ったのである。新兵の尻は真っ黒に腫れ上がった。

「このままでは腐ってしまうから皆で揉んでやれ」

教班長の指示でその新兵を押さえつけ、皆で尻を揉み続けた。あまりの苦痛に耐えかねたうめき声が、兵舎中に響いた。それは地獄の亡者もさもありなん、と思われる声だった。

この新兵はすぐ入院させられたが、以後彼の消息を知る者はいない。

その他さまざまな罰が新兵たちに加えられ、「俺たちは牛や馬以下だな」と嘆かせた。その中でもバッタの次にびびったのが「前支え」という罰であった。両手と両足で甲板の上で身体を支えるのだが、両手を伸ばし足の爪先で身体を水平に保つには相当な力がいる。苦しくなり思わず膝をつくと、すかさずバッタが飛んでくるのだ。

三十分もすると、あちこちから悲鳴や泣き声が上がり始める。

驚いたのは、顔からしたたり落ちる汗の量だった。汗で作られた三十センチメートル余りの水鏡の中に、己の顔が映るのだ。

「頑張れ」

母の声が聞こえた。

幼い頃からチビでいつも劣等感に悩んでいたが、軍隊でもそれは変わらなかった。しかし根性だけは誰にも負けなかった。心の隅に棲みついている「蠍もどき」はまだ生きていて、私を支え続けていたのである。

新兵を卒業する日が近づいてきた。

最後の仕上げは、原村演習場での実戦訓練である。

夜間、演習場の山で銃を構えて腹ばいになっている新兵たちを、青い月の光が優しく照らしていた。このとき、教班長が言った。

「この月は一生の思い出になるぞ」

初めて見せた教班長の人間らしさだった。

原村演習の最後を飾るのが、八本松駅から瀬野駅までの山道を走り抜ける追退戦だ。重い荷を負い銃を担いで走るのは、想像以上の苛酷なもので、事前にすでに新兵たちはびびっていた。中にはそれを逃れたいために仮病を使う新兵もいた。腹痛と称して、まんまと強行軍を回避したのである。

しかし百戦錬磨の教班長の目は節穴ではなかった。

腹痛といったはずの新兵が、皆と一緒に弁当を食べたのが運のつきだった。

その新兵は、瀬野駅から大竹駅に至る汽車の道中、最初の駅から終点まで、ピシャピシャと両頬を張り続けられたのである。大竹駅に降り立った新兵の顔は、どこの誰やら分からぬほど様変わりしていた。顔が腫れ上がり、目の位置さえ分からぬ悲惨な状態になっていた。

拳銃と小銃の実弾競技を最後に、この海兵団を去ることになった。

地獄からやっと逃れることができる。

新兵たちはほっと胸をなで下ろした。

しかし、これまではまだ序の口で、行く先に得体の知れぬ恐怖の山が待ち受けているとは、知る由もなかったのである。

私は普通科練習生として千葉の洲崎航空隊に配属されることになり、大竹駅から千葉に向かう列車に乗り込んでいた。

列車が広島駅に着き、ちょっと停車したとき、私の胸は高鳴った。

広島駅から自分の家まで数分の距離だから、十分もあれば母親に会うことができる。

そう思うと矢も盾もたまらず走り出したい衝動にかられた。

しかし厳しい軍律がそれを許すはずもなく、列車は無情にも家を横目に煙だけを残し走り去っていった。

練習生

練習生ともなれば、新兵のときよりは少しはましになると気楽に考えていた私であった。

ところが、そうは問屋が卸さなかった。私の配属された洲崎航空隊は、鬼の洲空と呼ばれ、九州の鹿空と並ぶ厳格さの象徴的存在だったのだ。

ともかく、昨日までの新兵生活とはまるで桁が違った。

朝礼に向かうときの駆け足の猛烈な速さ。

ハンモック収納時の速さ。

どれをとってみても、的確な動作と速さが要求され実行された。それは今までよりも一味違った、小気味よい感覚でもあった。

それより何より私の心を癒してくれたのは、総身の毛が逆立つ恐怖のバッタがほとんど見られなかったことである。確かにこの罰は効果があると思われるが、それよりマイナス面の方が大きい。上層部では禁止の方向に動いていると聞いていたが、なかなか下部に徹底していなかったようだ。今まで重くのしかかっていた精神的苦痛が少しでも軽くなったのが幸いだった。

すでに南方の島々の基地は、ことごとく米軍に占領され、B29による本土爆撃が日増しに激しくなりつつあった。

練習生には、すべて実戦を想定した訓練が主体となって実施されていた。海軍の中核となる零戦の機銃発射訓練も、実際にエンジンでプロペラを回転させ、操縦席に座りレバーを操作させる。ちょっとでもヘマをすると背後から教官の鉄棒が頭上を見舞い、目から火が出る。頭には常にたんこぶが並び、ぼこぼこにされていた。

一式陸攻が積載する六十キロ爆弾は人間が担ぎ上げるのだが、初めはびくとも動かなかったものも一人でやれるようになった。すべて実戦的な気力と体力が要求されていたから、自然に身体もたくましくなっていたのだ。

練習生でもやはり一番のチビの私だったが、軍隊生活が性に合っていたというのか、他の練習生におくれをとったことがない。水を得た魚のように跳ね回った。「蠍もどき」が狙っていた獲物を見つけたときのように、目が輝いていていた。

海軍は精神力、努力、積極性をモットーとしている。幼い頃、母が私に教えてくれたものとよく似ていた。

消灯ラッパが鳴り、皆が寝静まると、私は静かにハンモックから降り、㊙の赤本を引っ張り出して勉強した。番兵の足音がコツコツと聞こえ始めると、素早く暗がりに身を隠す。見つかればただで済まないのは承知の上での冒険だった。少々のことではへこたれぬ気力も持つまでになった蠍もどきだった。

兵舎の周囲を何回も走る罰を全員で食らったことがある。それも全力疾走で走らねばならない。息絶え絶えになりながらも私は常に先頭に立っていた。

恩賜の銀時計

木々の緑がそろそろ紅葉になる頃、卒業式がやって来た。
三百六十五名の練習生が正装で整列する中、私の名前が呼ばれ前に進み出た。
航空隊司令から恩賜の銀時計を下賜されたのである。海軍兵学校の優等生と同じものだ。予期せぬ名誉だった。一番のチビが三百六十五名のトップに立ったのである。その陰には黒米班長という方の強力なバックアップもあっただろう。稀にある全員バッタの罰のとき、事前に私を呼び、

「この書類を司令室に持っていけ」

と兵舎の外に追い出し、罰から逃れさせてくれたこともあった。家族との面会など絶対タブーとされていたが、内密に二度も面会をさせてくれた。

卒業式の直後、

「よう頑張った。おめでとう」

黒米班長の満足そうな笑顔に、私は心から敬礼を返した。海軍生活の中で唯一温かい人間性を見せてくれた上官であり恩人だった。

特攻志願

卒業式が終わり、練習生全員が教室に集められた。

分隊長のおごそかな声が轟いた。

「皆、心して聞け。これから特別攻撃隊の隊員を募集する。この特別攻撃隊は『震洋』という人間魚雷に一人で乗り組み、敵艦に突入自爆するものである。震洋は先端に二百五十キロ爆弾を装填、高速走行するベニヤ板製の特攻艇である。もちろん生還は望めない。全員、心して応募してもらいたい」

そして各自に用紙が配られた。

用紙には、「大熱望・熱望・望」の三文字が印刷してあり、希望する文字の上に○をつけ氏名を書くようになっていた。

室内に緊張が走った。

しかし私に迷いはなかった。大熱望の上に大きく○を書いて署名した。

以前から覚悟していたことだった。私にその決意をさせたのは、兵舎の壁に常に張りつけられていた神風特攻隊の残した遺書であった。

「母上様、今から敵艦に突入いたします。何の孝養もせず、先立つ不孝を御許しください。いつまでも御達者で、さようなら。

S少尉」

斬り上げたような文字の中に、S少尉の万感の思いが込められていた。この文字が常に私の脳裏に焼きついて離れなかったのだ。

私は卒業後すぐに、特攻隊員として南方に向かう船に乗る予定になっていた。しかし出発直前、突然、出航中止という命令が出たのである。私の一期前の卒業生が船で南方に向かっていたとき、敵の潜水艦の魚雷によって撃沈され、全員海の藻屑と消えてしまったのだ。

それが私の出発中止の原因だった。それ以来、震洋特攻隊の話は途切れてしまった。

予定変更を余儀なくされた私は一転、四国の徳島航空隊に配属されることになった。しかし、これが海軍生活の中で最悪の場だったのである。

最悪航空隊から古巣へ

この徳島航空隊は零戦の実戦部隊だけに、隊内の空気は殺伐とした陰湿そのもので、まるでごろつき集団だった。毎晩のようにバッタの洗礼を浴びせられ、心休まる日など一日もなかった。死を直前にした実戦部隊だけに心がすさむのは仕方がないとしても、この荒れようはただごとではない。

南方に行った方がましだ。

本気で私はそう思った。

厳しさの中にも溌剌とした雰囲気を持つ練習生時代を過ごしてきただけに、この濁った空気は我慢ならなかった。

「ここでくたばってはならぬぞ。しっかりせい」

母の声だった。

そのとき、蜘蛛の糸がまたも私の目の前にぶら下がってきたのである。

「高等科練習生として洲崎航空隊に転属を命ずる」という辞令が私に手渡されたのだ。私の軍歴を垣間見た直属上官のN大尉が、高等科練習生への手続きを素早くとってくれたのである。この腐り切った航空隊から抜け出せると思うと、私は嬉しさで飛び上がった。そのとき、私は幼い頃むすびをくれた観音様の白い手を思い出していた。

私はふたたび古巣の洲空へ舞い戻ってきた。

この頃、戦局はすでに最悪の事態に追い込まれ、寸時も予断を許されぬものがあった。この洲空も、敵の艦載機グラマンの猛攻を受け散々な目に遭っていた。練習生が勉強などしている騒ぎではなく、私は数名の仲間と、名古屋空廠に急遽、派遣を命ぜられ、名古屋に向かっていた。

そこは海軍が最も重視している零戦搭載の最新の十三粍機銃を製作している工場で、私たち練習生はこの工場の寮に寝泊まりすることになっていた。畳の部屋、布団、食事と、まさに民間人並みの生活環境である。思いもよらぬ楽天地だった。

それほどの待遇を受けたのは、私たち練習生を監督する立場にある二名の教官が、異常なほどの気遣いを見せてくれたことが一因となっていた。それというのも十名の練習生の中に、ここの教官よりも古参の下士官が一名交じっていたからである。

海軍というところは、一日でも早く入隊した者の方が上官で、古参の兵長が下士官より威張っていたのだ。海軍の古い伝統なのである。

最初、この工場に配転されてきたとき、

「今度の練習生は、恩賜の銀時計が三名もいる優秀な組だ。細かいことは言わぬから自覚してやってもらいたい」

と教官が言った。

この言葉の中に古参下士官への特別な配慮が含まれていたのであろう。三名の恩賜の銀時計組の中に、この古参下士官がいたのも幸いだった。

恋人

この工場は少数の老人を除いて、ほとんどが女子勤労動員学生で占められていた。

ある日、同じ練習生のNが工場の裏手に私を呼び出し、

「済まんが、この手紙を女子学生のAさんに渡してくれんか」

と一通のラブレターらしきものを私に手渡したのである。

二度あることは三度というが、私はこの偶然に驚いてしまった。私が海軍に入る直前、恋人の慶子に級友のUから恋文を託されたときと、全く同じパターンではないか。

このとき私は思った。

俺という人間は人に舐められやすいタイプの男なのだ、と。

小柄で人の良さそうな柔和な顔をしていれば、誰でも組みしやすしととるのは当たり前なのかもしれないが、人間は愚かなものだ。心の中に「蠍もどき」のようなものを秘めている私を疑うことさえしない。

渡されたラブレターの相手のAさんは、以前から私と心の通じ合う恋人だったのである。私が毎日、十三粍機銃の試射をしている部屋に、完成した機銃を運んでいたのがAさんで、いつしか目と目でお互いの思いを語り合っていたのだ。最初の恋人・慶子のときもそうだったが、言葉は交わさなくても心は通じるものなのだ。

しかし同じ過ちを繰り返すのは愚かである。私は密かにNの手紙を握りつぶした。いくら教官が大目に見てくれているとしても、これが露見すればただでは済まないのは目に見えていたのだから。

戦局はますます激しさを増し、この楽天地を去る日も近づいていた。高等科練習生たちは繰り上げ卒業となり、急遽、洲空へ戻ることになった。そして休む間もなく、その足で静岡の藤枝航空基地へ向かったのである。

藤枝基地の上空は敵のグラマン艦載機が我が物顔で飛び回り、それを迎え討つべき零戦は、最後の決戦に備え地下壕に隠されている状態だった。

私は毎日、敵のＢ29が落としていった何万個という缶詰爆弾の処理や、基地を襲撃してくるグラマン戦闘機と二十粍機銃で応戦する任についていた。

Ｂ29が落とした缶詰爆弾は果物の缶詰とそっくりに作られており、地上に達するとパクッと蓋が開き、安全装置が解除される仕組みになっていた。これを知らない民間人が、つい蹴ったり触ろうとするのである。触れた瞬間に爆発、手足をもがれたり死んだりする者が後を絶たなかった。

私たちは、ほとんど毎日その缶詰爆弾の処理に当たっていた。静かに缶詰爆弾にはい寄り、紐の先につけた鉤を爆弾の蓋に引っかけて、遠くから引っ張り爆発させる。手に負えぬものは遠くから小銃で撃つ。少しでもヘマをすると爆発し、多くの兵隊が犠牲になった。

私は幸いにも傷一つ負わなかったが、これが戦争なのかとその無情さを肌に感じたのもこの頃であった。

戦争というものは残酷なものである。人間がどれほど残酷になれるのか神が試しているのではないかと疑ったくらいだ。女性や子供たちをも無差別に殺傷する缶詰爆弾を見たら、キリストは何と思うだろうか。これを発明した人間も、よく罰が当たらないものだ——。缶詰爆弾を目にする度に腹が立った。

その怒りを私はグラマン戦闘機にぶっつけた。操縦士の顔が見えるくらい低空で襲いかかって来るグラマンに向けて、二十粍機銃を撃ちまくった。しかし、零戦に搭載する二十粍機銃は空中戦用なので、地上からではその性能を生かすことができず、弾はかすりもしなかった。名古屋航空廠で製造していた、あの十三粍機銃があったらと唇を噛んだ。

沖縄がアメリカの手に落ちて、日本近海に大挙して押し寄せているアメリカ艦艇から、毎日のように艦載機が襲いかかってくるようになっていた。日本の軍隊は、もうお手上げ状態になっていたのだ。

最後は特攻艇で敵艦を一つでも沈めてやるぞ。私は覚悟を決めていた。

しかし、肝腎のその特攻艇さえも行方不明の状態なのだ、およそ日本の力は尽きたと見て間違いなかった。

終戦

ついに敗戦の日がやって来た。

よく聞きとれない玉音放送で、戦争にピリオドが打たれた。

私は一階級上げてもらって下士官になり、帽子に黒線を一本つけ、「もう故郷へ帰ってもよい」と言われた。

死を覚悟していた私は、よく状況が飲み込めないまま、広島方面に向かう貨物列車に乗り込んでいた。

貨物列車は牛か馬でも運んだときのものか、ワラが敷きつめてあった。

膝を抱えて座り込み、しみじみ帽子の黒線を見つめた。これはバッタ地獄からはい出るためには欠かせない下士官の印なのだ。今となっては何の役にも立たないただの飾りである。皮肉なものだ。

ガタガタ揺れながら外の景色を眺めていると、過去のさまざまな出来事が走馬灯のように浮かんでくる。今まで危機に直面する度に、何かの手によって救われてきた。

この敗戦もその一つなのだろうか。

「もう地獄の苦しみを舐めなくてもいいんだよ。死ななくていいんだよ」

誰かが言ったような気がする……。

しかし夢か現実か半信半疑だった。

敗戦直前、広島に「新型爆弾」が落とされ全滅したということは聞いていたが、つまびらかではなかった。母や姉の生死さえ分からず、その顔が目に浮かぶ。ただ兄が死んでいたのは母からの便りで知っていた。私が気を落とすだろうという配慮から、何カ月も後から届いた便りだった。

兵舎の裏陰で涙を流しながら葉書を読んだのが思い出された。私が戦時中、涙を流したのは、後にも先にもこのときだけだった。また、この時代、笑ったという覚えが一度もない。ただ、名古屋航空廠の彼女と笑みを交わしたのが、唯一それらしきものだった。

やがて貨物列車が広島駅に着いた。

駅にはまだ、きなくさい臭いが立ち込めている。

駅前に立った私の目に映ったのは、瓦礫ばかりの焼け野原だった。

駅前の旅館街や我が家のあたりは皆、消え失せ、遠く宇品《うじな》の方まで見渡せるほど、何も残っていなかった。そのあまりの変わりように、私はただ呆然と立ち尽くすのみだった。二十万の人間の命を一瞬にして奪い、美しい街を瓦礫の山と化した恐るべき新型爆弾の威力を、あらためて肌に感じたのである。それが原子爆弾だと知ったのは、ずいぶん後のことだ。

戦争とは一体、何なのだろう。人間同士が殺し合う最も愚劣な行為。神仏はどこかへ隠れている。残るものは何もなく、失うものは大きい。命、物、心。すべてだ。

……「蠍もどき」は、廃墟の中でつぶやいていた。

母と姉の顔が、このとき頭に浮かんだ。

私はふと海田の祖母の家を思い出した。

「そうだ、あの祖母の家へ行ってみよう。何か分かるかもしれない」

幼い頃から通い馴れている細く遠い田舎道を、とぼとぼ歩いた。この道は昔と同じ、少しも変わっていない。思い出がいっぱいつまっている懐かしい道である。食う

や食わずの生活をしていた幼い私は、よく一人でこの道を歩いて祖母の家へ行ったものだ。幼い私がやっとの思いで辿り着くと、

「信か、よう来たの」

祖母が優しい笑顔で迎え入れてくれた。叔父夫婦も従兄弟も皆、優しかった。そして何よりも毎日、腹一杯御飯が食べられたのが、忘れられない思い出である。

軍服姿の私が門前で声をかけると、祖母をはじめ一家総出で出迎えてくれた。

「信じゃないか、よう生きて帰ったの。さあ、上がれ、上がれ」

昔のような優しい笑顔で手を引っ張ってくれた。すると驚いたことに、奥から母と姉が顔を見せたのである。生きていたのだ。

原子爆弾の直撃を受けたのであろう、姉は顔の半分が焼けただれ、お岩様のようになっていた。せっかくの美貌も台無し、二目と見られないあり様である。しかし死んだと思っていた母と姉が生きていたのは、奇跡とも言える不幸中の幸いだった。

私は母・姉とともに祖母の家でしばらく暮らしていたが、戦後の食糧事情は一段と厳しく、いかに親戚とはいえ、次第にぎくしゃくした感情が芽生え始めてきた。

私は広島の元の場所にバラックを建てようと計画、善は急げとばかりすぐに工事に

取りかかった。「蠍もどき」は俊敏だった。叔父の一家も総出で、私たち一家のために力を貸してくれた。元来、親切な一家なのだ。自分の山から木を切り出し、製材、家造りとすべてやってくれたのである。

そして広島の元の場所に一軒のバラックが完成した。

このバラックは多くの人の善意によって作られたものだが、特に力があったのはもう一人の叔父・大工の保さんであった。付近に転がっている焼瓦を屋根に葺き、皆を叱咤しながら汗を流してくれた。奥海田から大八車で材木を運ぶ大仕事も、先頭に立って皆を引っ張ってくれた。すべて無償の協力である。この人たちは仏のような、無垢、無欲、慈悲の心を持っている本物の善人であった。

完成したバラックは、道路に面した一角が喫茶店風の構えになっていた。母と姉のたっての頼みで、大工の保さんが工夫して作ってくれたのだ。

焦土と化した焼け跡にたった一つ誕生した喫茶店は、珍しさも手伝って品物が間に合わないほどの賑わいを見せた。コーヒーや砂糖は、すべて米軍から流れた闇物資である。当時、食糧は統制されていたから、官憲の手によってよく検挙の網に引っかかり、母はたびたび刑務所に放り込まれた。

それでも母はひるまなかった。生きるためには、これしかなかったのだ。信じがたく嬉しいことだったが、姉は元の美貌を取り戻し、店に出ていた。祖母が山で採ってきた「毒だみ」という薬草を毎日飲んだり塗ったりしたのが功を奏したのだと思う。あのお岩様が弁天様に甦ったのは、祖母が見せてくれた奇跡のような神業だった。

第二章　青年期〜結婚

会社勤め

終戦後、私は海田町のH食品会社で働いていた。この会社の社長の稲刈りを手伝ったことが縁だった。社長が私の働きぶりに目を留め、

「信、月給百円でわしの会社で働いてみんか」

と誘われたのである。

戦争に負け廃墟と化した日本は、食料品はすべて統制され、国民は一様に食料を求めて右往左往。ごろつき、闇屋、夜の女、てき屋、喧嘩、泥棒、まさに敗戦国日本の恥部をさらけ出していた。

いつの時代でも裏というものがあるもので、私の働いている会社は食品会社だった

から、その関係で裏から何でも手に入った。酒でも肉でも魚でも自由になった。

こうした環境の中で酒の味を覚えないはずがなく、私は次第に享楽の罠にはまり込んでいったのである。酒と女と、ばくち、一通りのものを覚えた。

「お前は特攻隊の魂を忘れたのか。目を醒ませ」

蠍もどきが叫んだが、酒と女の魅力がそれをはね返した。当然、家には一文も金を入れなくなった。

母は私のそんな姿を見ても、あまり小言を言わず、ただ黙って見ていた。

母の死

働きすぎたのか、あるいは心労が重なったせいなのか、母が突然倒れ入院した。肺結核だった。

宇品にある元海軍宿舎を改造した病院に入院した母は、見舞いに行く度に目立って衰弱していった。栄養のある食料も乏しく、医薬品も揃っていない時代だった。

ある日、母を見舞った私が、

「お母さん、気分はどう」

と聞くと、

「今日はあまり気分がよくない。少し腹をさすってくれんか」

か細い声で訴えた。

やせ細った母の腹を静かになでていると、すーと息を吐き、そのまま動かなくなった。

あまり苦しまない最期だった。


だだっ広い講堂のような場所に移された母の棺は、その片隅にぽつんと置かれ、私が一人付き添っていた。

暗くなっても誰も来なかった。

停電しているのか真っ暗闇の中、一本のロウソクの淡い光を頼りに、時々棺の蓋を開け、母の死に顔を眺めた。

五十四歳という若さで世を去った母の人生は、一体、何だったのだろうか。

母の死に顔を見つめながら私は思った。

洋服商の奥様から一転、旅館の仲居、そして旅館の女将、喫茶店、さまざまな苦労を背負いながら子供たちを育ててきた。この短い人生の中、楽しい思いをしたことがいくつあったのか、疑問に思えた。親孝行らしきものは何一つせず、心配の種ばかりを押しつけてきた私。そんなものが死期を早めたのであろう。

私の目からとめどなく涙がしたたり落ちた。

焼場への許可をもらいに役所へ行くと、女事務員がのっけに、

「あんたは随分と親不孝をしたんじゃろ」

と言った。

私は黙って引き下がった。

壊れかけた火葬場の煙突から立ち昇る白い煙が、秋空に静かに消えていく。ようやく駆けつけた姉と、二人で黙ってその煙を見上げていた。

運転手として

最も自分を愛してくれた母がいなくなった。この家にいる理由はもうない。

私は家を出て自立することにした。しかし、学歴もなく、何の取り柄もない私が独りで生きていくには、手に職をつける以外、道はない。機械好きな私に最も相応しいのは自動車運転手になることだった。

私は、善は急げとばかりさっそく、運転免許取得に取りかかった。

当時まだ教習所などはなく、実技試験も学科もぶっつけ本番でやるしか方法がなかった。自動車など運転したこともなく、私にとってこの実技試験は至難の技であった。最初は何とか動くには動かせたが、コースの半分も走らぬうちに「降りろ」と降ろされてしまう。

二回目は時間オーバーで失格。

その頃の試験車はバッテリーの性能が悪く、すぐ上がってしまうから、受験者はセルボタンを使わせてもらえず、手動ハンドルでエンジンをかける決まりになっていた。次の受験者が手動ハンドルを担いで試験車の後を追っかける。エンストすると素早く走り寄り、手動ハンドルでエンジンをかけてやる。もたもたしていると時間オーバーで失格するから、気が気ではない。皆、必死で走り続けるのである。

老試験官が助手席で怒鳴る。

「何をぐずぐずしとるんじゃ、早うせんか」

「お前は半クラを使うとる。降りろ」

情も何もあったものではない。傲慢が洋服を着ているように見えた。

そんな風に苦労してやっと実地試験に合格したと思っても、学科試験に落ちるとふたたび実地試験からやり直さねばならないという厳しさだった。大学入試より難しかったのではないだろうか。

その学科試験も、姑が嫁をいびるような底意地の悪さがあった。

実地試験場の隅にある教室が筆記試験場に当てられ、教室の黒板に白墨で問題が書かれる。
一、照明について述べよ。
二、ブレーキについて述べよ。
まさに簡単明瞭、そしてこの上ない難題である。一度で合格する者はまずいなかった。

それでも私は諦めなかった。生涯の生活がかかっているのだ。眠っていた「蠍もどき」が目を醒まし始めていた。その粘りと執念が実り、七回目にしてやっと念願の普通免許を手にしたのである。

勤めていた会社を辞め、市内で幅を利かしていた三輪タクシーの運転手になった。市内は一円、どこまで走っても百円均一という安さが人気を呼び、目の回るような忙しさだった。収入は以前の会社の三倍以上にもなった。その上、内緒でくすねた金が給料の倍以上にもなった。料金メーターなどついておらず、運転手の才覚で自由に細工できたからだ。

しかしこれがよくなかった。

悪銭身につかずとはよく言ったもので、儲けた金は酒と女に化け、あぶくのごとく消えていった。あぶく銭が消えていくだけならまだしも、心の底まであぶくの垢に染まっていったのがいただけない。

蠍もどきが泣いていた……。

悪事千里を走る。

ピンハネの不正がばれ、私はクビになってしまった。天罰覿面とはこのことだ。

他に特技もなく何の才覚も持たない私は、その日の糊口にも困る事態になってきた。人生最悪の節目だった。

そのとき、天からまた銀色の蜘蛛の糸が目の前にぶら下がってきたのである。

同じ運転手仲間だったKが、

「K省に知った人がいるけ、行ってみんか。話をしといたるけえ」

と言ってくれたのである。こんな私にも気遣ってくれる人もいたのだ。

わらにでも縋《すが》りたい思いで服装を正し、すぐにK省のG事務所の門を叩いた。

形式通りの面接の後、直ちに運転手として採用されることになった。

私は天を仰いだ。こんな俺でもまだ天は見捨ててはいなかったのだ。蠍もどきも、ほっとした顔をしていた。

当時、政府は国土再建に力を入れ、道路や河川の新設・改修に躍起となっていたから、私のような学歴もなく経験の浅い未熟な運転手でも雇わざるを得なかったのである。

採用された私は、すぐに岡山の国道新設現場に派遣されることになった。私はこれを機に家を出ることにした。

最後の夜、店の手伝いに来ている芳子という女の子を外に呼び出した。

芳子は私たちの幼馴染みで、幼い頃、兄弟同士でよく遊んだものだ。家庭の事情などで別れたきり、長い間、会ったこともなく忘れかけていた。ところが戦争が終わり、母と姉がバラック喫茶を始めたとき、ひょっこり訪ねてきたのだ。しかもあのハナたれ娘が、目を見張るような綺麗な娘に成長していたのである。

芳子は店を手伝うようになったが、美人の上に気立てがよく誰からも好かれていた。当時、若者の間でダンスが流行していて、私が「踊りに行こう」と誘うと喜んでついて来た。いつも二人は一緒だった。姉はそんな二人をあまり心よく思っていなかったらしく白い目で見ていて、何かというとすぐ邪魔をしたので、二人の仲はそれ以上の進展を見ることはなかった。

家を出ればもう二度と逢うことはないと思うと胸が熱くなり、芳子を抱き熱いキスを交わした。甘く切ない味がした。

翌朝、私は自分の荷物をダンプに積み、家を離れた。姉と芳子がいつまでも手を振って見送っていた。

岡山までの道中は先輩運転手のAさんが運転してくれたが、私の落ち込んだ姿を見てけげんな顔をしていた。

工事現場

当時、すべての工事は請負ではなく国が直接、工事に当たっていた。道路建設工事も例外でなく、職員自ら大型建設機械を操り山を削り土砂を運び道路を作っていた。大学出の運転手もざらにいた。

大型ダンプのハンドルなど握ったことのない新米の私は、ダンプを乗りこなすために人一倍の苦労を重ねなければならなかった。ときには川の中に滑り落ち、ときには家の石垣を壊したりと散々な目に遭うのは日常茶飯事だった。

しかし「蠍もどき」はしぶとかった。粘り強く辛抱を重ね、三カ月もすると、このじゃじゃ馬を乗りこなせるようになっていた。ダンプ一台がやっと通れる狭い曲がりくねった山道を何度も往復して土を運んでいるうち、身体がこつを覚えたのだ。

あまりの重労働にダンプの方が音を上げてしまうほどの強行作業が続いた。車軸を支えるスプリングが折れ、ダンプの油ポンプが言うことをきかなくなるなどの故障が続出した。山奥だから修理屋などなく、私は油まみれになって自ら修理をした。お陰で、少々の故障はすべて自分で直せるようになった。

狂乱

当時、官庁の給与は民間と比較すると平均以下だったが、出張手当やその他の手当が加算され、相当な額になった。

知性に欠ける悲しさか、大金を懐にした私に、ふたたび放蕩の虫がうごめき始めたのである。休日には岡山の街に出、酒を飲み、花街に泊まって帰るのが慣習になっていた。知性のかけらでもあれば少しはブレーキも利くのだが、それがないのが情けない。

夏も終わり、この山奥の村に秋祭りの時期が訪れた。大きな機械を持ち込んで大工事をやっている公務員は、この村ではちょっとした名士であり、何かのときはすぐお呼びがかかる。

村長に呼ばれ、振る舞い酒にしたたか酔っ払った私は、ふらふらしながら宿舎の集会所に帰ってきたが、何を思ったのか賄いの女性が寝ている部屋にもぐり込んだ。そしてこの酔っ払いは、その中の一人と関係を結んでしまったのだ。その女性は日頃から私に好意を寄せ、何かと面倒を見てくれていたから、つい手が出てしまったのである。そのせいか彼女も、何のためらいもなく易々と受け入れたのだった。

以来、二人は人目を忍んでは逢瀬を楽しむようになった。

月日が流れ、野山に白いものが降り始めた頃、彼女が私にそっとささやいた。

「信さん、子供ができたみたいなんよ。でも人に知れると困るから、堕ろしたいんよ」

脳天をガツンと殴られた思いだった。

孤独な私にとってたった一人の、我が血を分けた子供ができようとしているのだ。彼女はそれを一瞬の間にぶち壊そうとしている。男にとってこれ以上の屈辱はないのだが、彼女はただの遊びと考えていたのである。

思い上がっていた己が情けない。怒りとともに「蠍もどき」が切れた。

「分かった。その金はわしが出す。一日も早く始末しんさい」

金を渡すと、それ以来彼女とは口も聞かず、近寄ろうともしなかった。臍曲がりの本性が出た。

そんなとき突然、私に転勤命令が出た。もう彼女とは顔を合わせずに済む。蠍もどきはあくまでも冷たかった。


私の新しい転勤先は宮島の二号線道路建設現場。大型建設機械で山を削り、土を運び、新しい道路を作る。同じパターンである。

しばらくして岡山の女から、「子供を産むことにした」という便りが届いたが、無情にも私はこれを無視した。こうと決めたら、テコでも動かない。蠍もどきの冷徹さだった。

その後、風の便りで彼女が男の子を産んだことを知った。それでも固く閉じた私の心は開こうとはしなかった。人を思いやる優しさに欠け、自分本位のエゴを通す。そんな生き方がこれからの人生に大きなマイナスを背負わせることになる……。

凡愚な人間にそんなことが分かろうはずもなく、ただ己の信念のみにこだわった。このとき子供を引き取ってやるだけの度量を持っていたら、私の人生も大きく変わっていたはずなのだが、若さと頑なさがそれを拒んだのだ。

これに気づいたのは年を重ねた、ずっと後のことである。

三度、死んだ男

心に重荷を抱えたまま新しい道路造りに励んでいる私に、Nという友人ができた。彼も機械屋で、何となくうまが合ったのである。しかし、普段は実に人のいい男なのだが、ひとたび酒が入ると途端に人が変わってしまう。まるでジキルとハイドである。

友人であろうが誰であろうが、見境なく絡み始める。

「わりゃ、わしを舐めとるんか」

唾を飛ばし殴りかかってくる。勢いだけはすさまじいが、腕っ節はからきしだらしがなく、反撃を食らってたちまちダウンというのがいつもの筋書きだった。

ある晩のことである。私たち運転手仲間が常連の居酒屋でいつものように飲んでいると、例のごとくNの目が据わり、ろれつがあやしくなってきた。暴れ出す前兆である。気を利かした仲間二人が、「車で送ってやるから帰ろうぜ」と、いやがる奴を強引にダンプの運転席に押し込み、走り出した。

車が店の前を出て数秒後、突然ドカーンと物凄い音が酒場を揺るがせた。驚いて外に飛び出した人々の目に入ったのは、真っ暗闇の山陽本線の線路上で停まっている急行列車の長い光の帯だった。機関車の十メートルばかり先に、さっき出ていったばかりのダンプが荷台だけを残して跡形もなく散乱していた。

運転席に乗っていた三人のうち、両端の二人は即死、真ん中に座っていたNだけが生き残り、虫の息で病院に収容された。踏切を渡ろうとした運転手の酒に酔った目には、近づいてくる夜行列車の灯が蛍に見えたのかもしれない。一瞬の油断、酒が引き起こした悲惨な事故であった。

現場主任のA課長が、

「信よ、すまんがNの家まで行って母親を連れてきてくれんか」

と頼みに来た。

私はすぐにダンプを引っ張り出し、Nの家に向かって突っ走った。

瀕死の重傷を負った息子のために、母親が運転席で「南無阿弥陀仏」と懸命に念仏を唱え続けていたのが哀れだった。

母親の必死の祈りが届いたのか、Nは奇跡的に命をとりとめ、二カ月後には退院し、職場に復帰してきた。

瀕死の重傷を負ったNである。もう酒は懲りたであろうと思っていたが、酒の魔力はNの心を変えるどころか、ますますその度を深めていったのである。彼は骨の髄まで酒好きだったのであろう。

道路を削ったり、整地したりするグレーダーという機械がある。そのグレーダーをNが移動していたとき、第二の事故が起きた。

グレーダーは自動車のように方向転換が自由にできず、両前輪を傾斜させて方向転換させる構造になっている。その操作を誤ったのか、Nの運転するグレーダーが山陽本線の踏切上で立ち往生、前にも後ろにも動けなくなってしまったのだ。

そこへ、またも急行列車が迫ってきたのである。

しかし間一髪のところで急行列車は急停車。大惨事をまぬがれた。列車の運転士の機転によるものだった。

そして、またしばらく後。

二度の事故にも懲りず、例のように酒を飲んだNが、最近婚約したという彼女を単車の後部に乗せて、深夜の国道二号線を喜色満面でドライブと洒落込んでいた。ところが運が悪いとでも言うのか、酒で視野が狭くなっているNの目は、道路端に停まっていた大型トラックの姿を捉えることができなかった。

ガン。轟音とともに単車は大型トラックの後部に激突。

Nは即死した。同乗していた婚約者も、瀕死の重傷を負う惨事となった。

Nは三度目にして、己ばかりか愛する女性を巻き添えに、一人昇天してしまったのだ。

私もNに負けぬくらいの酒飲みである。しかし、このNのように、酒に飲まれたことはない。

酒の飲み方、人間の在り方、生きることの素晴らしさを、Nは教えてくれたような気がする。その意味でNは、私の良き師であった。

飲酒運転の罰則が定められたのは、それから間もなくのことである。Nにとっては遅すぎたようだ。

そんなことがあっても酒を慎もうともせず、私の酒飲みにはますます磨きがかかった。ちょっとした通になり、逆にそれを利用するようになっていた。

孤独の淋しさを酒でごまかす巧みな技を覚えたのも、この頃である。

縁談

蝉しぐれが部屋の中までしみ通る、蒸し暑い夜だった。

けたたましい電話のベルに出てみると、以前勤めていた食品会社の女性事務員Aさんの懐かしい声だった。

「信さん、久しぶり。元気ですか。まだ、お一人なんでしょ。私の知り合いの娘さんできれいな人がいるから信さんにどうかと思って電話したんよ」

思いがけない嬉しい知らせだった。孤独な酒飲みを救うために、天が蜘蛛の糸をぶら下げてくれたのだと思った。

私に断る理由など何もなかった。

この話はとんとんと進み、次の日曜日に見合いをすることになった。

場所は広島駅の食堂。何とも不粋な場所だが、乱れた生活を続けている私に金の余裕などなく、やむを得ない仕儀だった。

少々めかして背広などを着込み、約束の場に着いた私は思わず目を見張った。背はあまり高くないが、今までに見たこともないほどの美しい娘が、微笑みながら私を迎えてくれたのだ。話によると彼女の家も貧しく、岡山の製糸工場で働いていると言う。私はどちらかと言えば面食いの方だから、一も二もなくOKのサインを出したのは言うまでもない。

相手の方もまんざらでもなかったらしく、すんなりこの見合いは成功の形で終わり、交際することになった。

交際といっても遠く離れた岡山と広島だけに、近況を知らせ合う文通だけという地味なものであった。

一度、岡山から帰ってきた彼女が私の部屋を訪れたことがある。だが私は決して手を出さなかった。人に言えない重い過去を持っていたからである。例の岡山での女性問題だ。

そんなことが尾を引いたのか、いつの間にか知り合ってから三年の月日が流れていた。ようやく結婚の話が出たのは、桜の花がほころび始めた頃である。私は自分の過去については一切口をつぐんで語ろうとはしなかった。彼女にも相当な過去があるのは、うすうす気づいてはいたが、そ知らぬ顔で通した。

一度、結婚式の日取りを決めるため彼女の家を訪れたことがある。彼女は結婚準備のために会社を辞め、家に帰っていた。

母親が、

「今日、親戚で結婚式があり、その手伝いに行ってるんですよ」

と気の毒そうに、その家の場所を教えてくれた。

近くにある、その親戚の家に立ち寄り声をかけると、奥から彼女が顔を出し、

「今日はちょっと忙しいから」

と言うなり、そそくさと奥に引っ込んでしまった。

仮にも婚約者である男に対する態度とはとても思えない振る舞いである。

「この女は俺に対して愛情なんか少しも持ってはいない」

そう私は直感した。

怒りを押し殺して寮に帰ってきた私は、考えた末、筆をとった。

「この婚約は私の心にそぐわないものがあるので破棄したいと思います。先日、貴家に伺ったとき、いくら結婚式の手伝いで忙しいとはいえ、あまりにも冷たい対応に失

望しました。将来、生活をともにしようとする人間に対するものとは思われず、先が思いやられると考えるに至ったのです。よって、この話はなかったものと御承知ください」

筆に怒りがこもっていた。

この手紙を送りつけると、今まで結婚資金にと貯めてきた金をすべて引き出し、夜の街へ飛び出した。「蠍もどき」は俊敏で臍曲がりだった。

三日三晩遊び尽くし、金を使い果たした私が寮に帰ってくると、彼女の母親が悲しげな顔で待っていた。

「どうか、あの子の無礼を許してやってください。わがままな子ですが、それほど悪い子ではないのです。もう一度、考え直して頂けませんか、お願いです」

頭を下げる母親の目に涙が浮かんでいた。

私はしばらく考えていたが、切ない親心を踏みにじるほどの勇気もなく、母親の願いを受け入れることにしたのである。

「己にもいまわしい過去がある。人ばかり責めるわけにはいかない」

そう思ったからだ。

間もなく、私は彼女と結婚式を挙げた。やけを起こし資金を使い果たした私に余裕などなく、日本一わびしい結婚式になってしまった。

第三章　家長として

秀雄

新居は貧乏人に相応しい粗末な狭い六畳一間の借間だった。役所にも官舎はあるにはあるが、それは課長級以上の者に限られ、平職員には手の届かない高嶺の花であった。

着のみ着のままの貧しい新婚生活の中で、妻が身ごもった。しかしそれは私の糠喜びだった。

「今は私、子供は欲しくない」

すげなく妻は、そう私に告げたのである。昔、岡山で女から告げられたのと同じ台詞ではないか。めらめらと怒りが燃え上がった。

この結婚はもう続ける意味がなくなった。「蠍もどき」の怒りが頂点に達した。

「お前は結婚を何だと思っとるんか。それなら俺にも考えがある！」

すさまじい剣幕に流石に恐れをなしたのか、妻はしぶしぶ産むことを了承したのだった。

そして生まれてきたのが秀雄と名付けた男の子だった。夫婦ともにではなく、私だけが望んで生まれた子である——。

私は子供が生まれる前から、この狭い部屋から抜け出したいと考えていた。そんな願いが届いたのか、申し込んでいた町営住宅が当たり、すぐに引っ越すことになった。

昔から望んでいた我が城であった。親子三人、誰にも気兼ねなく暮らせる。嬉しさを隠し切れなかった。

秀雄が初節句を迎えたとき、順調に育つようにと庭の隅に鯉幟を立ててやった。大きな鯉が青空に勢いよく泳いだ。

やがて節句も過ぎ、鯉幟をしまおうとしたとき、太い青竹が真ん中からぽきりと折れてしまった。重過ぎて私の手では支えきれなかったのだ。このとき私の頭の中に、ふと不吉な予感がよぎった。それは秀雄の将来の不幸を暗示するものだったのか——予感はときに的中するのである。

子供会

秀雄が小学校に入学するのを待っていたかのように、町内会長のS氏がわが家にやって来た。

「子供会の会長をやってくれないか」というのである。

積極的な私がこれを引き受けないはずはなく、二つ返事で引き受けてしまった。しかし簡単に引き受けてしまったものの、これがとんでもない難物で、うるさい女性役員たちにいじめられることになった。

子供会会長は小学校のPTAの役員でもあるから、PTA会議にも出席しなければならない。女性役員たちにいじめられた腹いせに、先生方にそのうっ憤をぶつけたことがある。

議論の果て、「あんた方先生は月給泥棒に過ぎん」と言ってはならないことまで、つい口に出してしまった。流石に先生方も気色ばんだが、校長の穏やかな制止の声に事なきを得たものの、後味の悪い、無教養をむき出しにした心の貧しさだった。

拳法入門

子供会の年中行事の一つである秋祭りの季節になった。

女性役員たちと一緒に秋祭りの準備をしていたときである。一人の大柄な中学生が会長である私の前に立ちはだかり、

「わしらを舐めとるんか」

と脅しにかかってきた。日頃から評判のよくない番長格の暴れ者である。その勢いに押され、私はただ黙って立ち尽くすのみだった。このときほど己の不甲斐なさに腹が立ったことはない。

「お前は暴力に対して何もできない。ただのでくの棒だ」

蠍もどきの声だった。

その後、落ち込んでいた私が通りすがりに寄った本屋で、偶然、少林寺拳法の本を手に取り読んだのが、拳法との出合いだった。この本が、私を心身ともに変える原動力になってくれたのである。

昔、インドの達磨禅師が中国に渡り、禅と護身術を伝えたのが少林寺拳法の原点と伝えられている。日本では、宗道臣という人がこの技を中国の少林寺で会得し、日本に持ち帰って、四国の多度津で若者たちに伝授していると聞いた。

――禅によって精神を磨き、技によって身体を鍛え、護身術を身につけることができる。

「この武道しかない」

そう思ったのは、私からすれば当然のことだった。そして少林寺拳法に入門を決意したとき、幸運にもその宗道臣という人が広島にやってくるという噂が耳に入った。呉の海上自衛隊の道場で、その拳法の技を公開するというのだ。当日、私が呉の自衛隊に向かったのは言うまでもない。海上自衛隊の道場にはすでに多くの人がつめかけていた。

その中で高弟二人によって拳法の模範演武が行われたが、これほど素晴らしいものを見たのは生まれて初めてのことで、総身に鳥肌がたつ思いであった。目にも止まらぬ、突き、蹴り、投げの鋭い技が私を魅了しつくした。

「今のお前にはこれが最も相応しい。絶対にやるべきである」

蠍もどきの優しい声だった。

道場創立

海上自衛隊のＩ二佐が発起人となり、私と広大医学生のＡ君の三人で、自衛隊の道場を根城に拳法道場を旗揚げすることになった。

当時、広島には拳法道場は一つも存在せず、これが広島での走りになった。

しかし指導する人間がおらず、Ｉ二佐が四国の拳法本部に行き、少しずつ技を習ってきては私たちに教えてくれるという、異例の出立になった。

「東大出身じゃけんの、まかしときんさい」

というのが、Ｉ二佐のいつもの口癖だった。東大出というだけあって、教えることにそつがなく、その上最も熱い情熱の持ち主であった。このとき、Ｉ二佐と私が三十九歳、医学生のA君が十九歳だった。したたり落ちる汗がしみ込む夏、寒風が吹きすさぶ冬の道場の板の上で、三人はあくなき挑戦を続けたのだ。

ある日、受身で失敗し、腰を痛めた私が医師に診てもらったところ、

「背骨が曲がってしまっている。治しようがない」

と言われ、それほどひどいとは思われない、こやつ藪医者かと疑ったが、どうしようもない。我慢しながら稽古を続けていたところ、気力が病を制したのであろうか、いつの間にか治っていた。

道場も次第に門人が増えてきて、ある日いつものようにI二佐が本部道場に出向いていったところ、驚いたことに黒帯を締めて帰ってきたのである。思えば、最も熱心なI二佐の受ける、当然の権利だったと言える。

これに負けじとばかり私とA君もI二佐の後に続き、黒帯をものにしたのは、それからしばらく後のことだった。

無情の雨

三人とも一つの階段を登り、さあこれからだと張り切っていた矢先のことだった。

突然私の耳に、驚愕の話が飛び込んできた。

I二佐がチンピラに刺し殺されたというのである。

何かの間違いだろうと疑った。東大出の俊英で、正義感と熱血を併せ持つ、あのI二佐が殺されるなんてとても信じられなかった。

話によると、呉の盛り場で何かのトラブルに巻き込まれ刺されたという。偶然というか、テレビの人気者・プロレスの力道山がチンピラに刺し殺された事件があったばかりであった。

「どうして、あんな立派な人が事件に巻き込まれたんかの」

「わしにもよう分からん。しかし、よく考えてみると、黒帯という自信がI二佐の心を変えてしまって、実力以上の技があると信じて起きたことだったように思うんじゃがの」

私とA君は、こもごも疑問をぶつけ合い、I二佐の死を悼んだのだった。

ここで少林寺拳法の本質を少し述べてみよう。

日本における少林寺拳法の創始者、宗道臣先生は次のように拳法について解説しておられる。

——易経に『書は言を尽くさず、言は意を尽くさず』という言葉がある。如何なる名著と雖《いえど》も文字や絵画によって著者の全意をつくすことは不可能なことである。況《いわん》や天地の真理、宇宙の実相を示す陰陽二つの卍の秘義を具現し、人間の努力によって地上に天国を実現せんとする力愛不二の法門や、拳禅一如の練行たる正統少林寺拳法の真髄は、とうてい伝え得ない。

不可商量のこの大力徳を悟得せしめることの困難さは、三千年の歴史と多くの阿羅漢や名人達人を擁して、尚且つ斯道《しどう》の伝書に見るべきものがないという事実から推しても、如何に難事であるかが知られるのである。

釈尊の如き大聖でさえも、法の真髄を伝えるためには、八十年の生涯をかけて八万四千と云われる多くの法門を有しても尚説きつくせず、僅かに入寂の直前に於て、拈華微笑と云う以心伝心によって、やっと唯一の弟子に伝法したと言われるくらい困難なものである。

夢枕に立った達磨の教えに導かれ、達磨が伝えたという印度伝来の阿羅漢之拳を教えながら道を説けば必ず成功すると確信し、道場を開いたものである。

この北少林義和門系の阿羅漢之拳と称する、印度伝来の宗門の行としての拳は、一般の武術とは本質を異にし、相手を倒し、相手に勝つことを目的とするものでなく、己に克ち心と体を整えて、技術を楽しみながら自他共に上達を図るという特殊なものであり、護身練胆と、精神修養と健康増進の三徳を兼ね備えた法である。

これを教えながら道を説けば、道を求めてくる青少年に、不屈の精神力と金剛の肉体を同時に錬成させられると共に、尚その上に自信と勇気を与えることができるので、一石三鳥の効果を確信し、ここにこの道を『拳禅一如、力愛不二』の法門として編成し、古代印度に於いて、阿羅漢之拳を創始したと伝えられる仁王尊の神名、金剛神の御名をとって、金剛禅と名付けたのである。

これに理論の裏付を行って宗門の行としての形を整え、新しい道として伝道を始めたのが少林寺拳法なのである。——

大体以上の要旨であり、この引用からも、あくまでも人間としての精神の向上が主体となっているのがうかがえる。

これは私が、指導者に配布された『少林寺拳法教範』の中から抜粋したもので、東大出身の英才、I二佐も当然知っていたはずである。しかし、なぜ命を落とすまでのトラブルに巻き込まれたのか、未だに判然としないまま、年月は通り過ぎていくばかりだ。

決闘

I二佐が殺されて間もなく、今度は私がトラブルに巻き込まれ、危うく命を失いかけた。私を子供会会長に推してくれた町内会長S氏の息子、T君の結婚話にまつわるトラブルがその発端であった。

T君は常に国体にまで出場している重量挙げの選手で、毎朝、自宅の庭でりゅうとした肉体を惜しげもなく晒しながら、トレーニングに励んでいた。そんなT君にいつか、いいお嫁さんをと私は思っていたのである。

そんなとき、K省に同期で入所した友人のIが知り合いの娘の相手を探していると聞き、これ幸いとばかりT君の話を持ち込んだのである。話は順調に進み、見合いをする段階になったとき、突然Iが何の理由もなくこの話を断ってきた。おそらく金の問題がからんでいたのであろう。しかし、私にとって、ここで引き下がるわけにはいかなかった。

Iを無視し、勝手に話を進めたのである。

ある朝、出勤した私はIに、車庫の裏に呼び出された。

「わりゃ、ようわしをこけにしてくれたの」

凄い剣幕だった。

この男は元やくざであり、事務所でも煙たがられている悪《ワル》で鼻つまみ野郎である。一見、ひ弱そうに見える私だけに、一、二発食らわせれば、泣いて謝るくらいに考えていたらしい。いきなり殴りかかってきたのだ。私も黒帯という自負がある。泣いて謝るわけにはゆかない。習い覚えた技を繰り出し、応戦した。

相手は元やくざの喧嘩のプロ、その上、大男ときているから、二段くらいの腕前ではとても歯が立たないように思えた。だが私の必死の抵抗に相手も少々持て余し気味で、たじたじの感があった。

私の服は破れ、頭や顔から血が噴き出し、見るも哀れな姿で家に帰り着いたのは、激闘三十分後のことである。もし、このとき相手がドスでも隠し持っていたら、I二佐の二の舞になっていたかもしれないのだ。

私はあらためて己の愚かな行動を悔いるとともに、もっと心を磨く必要があると肝に銘じたのである。

この元やくざも、心の在り方を教えてくれた、いわば師でもあった。以来、彼とは以前にも増して友情を温め合うようになった。彼は見合い話から完全に手を引いた。結婚話はスムーズに運び、無事、結婚式を挙げることになったのである。

私たち夫婦も仲人として結婚式に招かれた。幸せそうな新婚の二人を見ていると、人間、ときには命を張ってでも信念を貫くことも必要だなと、あらためて痛感し、いい人ばかりでいては何も始まらないことを知った。

現在、この夫婦は孫もでき、幸せに暮らしている。

高校生

四十歳になったとき、私は通信制高校の生徒となった。未熟な己の心を磨くためと学歴を得るのが目的で、武道を鼻にかけ、学校の先生たちを罵り、教養の欠片もない己を恥じた上での選択であった。「人間失格」、この言葉が常に心の奥に引っかかっていたのである。

K省に入って、もう十二年にもなる。私は未だに自動車の運転や建設機械の整備に追われ、油まみれのなっぱ服（作業着）を着ていた。中でも自動車の運転技術は、県の運転免許試験の指導をするほどの腕前になっていた。当時、県はトレーラーなどの車輌を持っておらず、K省が委任を受け、その受験を実施していたから、私もその一役を負わされていたのである。

しかし「蠍もどき」は貪欲だった。自動車運転だけではあき足らず、機械の整備にまで意欲を燃やし、自ら望んで整備工場に回してもらったのである。ショベルやブルドーザーのエンジンは材質が悪いのかシリンダーの磨耗が早く、すぐに馬力が低下して使い物にならなくなり、整備工場に担ぎ込まれ分解整備を受ける破目になった。私は油まみれになりながら、これに取り組み、二級整備士の国家資格を取った。

しかし蠍もどきの貪欲はこれに飽きたらず、さらに上を目指す心に燃え、それが高校入学の引き金になったのである。

役所というところは、利益を目的にしていないせいか時間的にルーズなところがあった。部品などが入荷するまで手持ち無沙汰で何もすることがなく、役得とでもいうのか、随分のんびりしていた。

蠍もどきがこの無駄な時間を見逃すはずがなかった。人が滅多に入ってこない工場の片隅にある小さな部屋に古机を持ち込み、高校のレポート作成に取り組んだのである。

絶対に人に見られてはならない。細心の注意を払い、この秘密の場所で勉学に励んだ。岩陰にひそみ獲物を狙う蠍もどきが、その真価を発揮したのだ。海軍の練習生時代、夜中に番兵の足音に細心の注意を払いながら常夜灯の淡い光の中で勉強したのと状況がよく似ていた。

たかが通信制とはいえ、全日制と同じ資格が得られるのだから生半可なことでは卒業できっこない。体育の単位を取るために、夏は水泳、冬は野球と、若い連中と一緒に汗を流さなければならなかった。

これらはわりに無難にこなせたが、最も苦労したのが数学と英語だった。中途半端な学力しか持っていない上、記憶力が鈍っている年齢である。その単位を取るために、人並み以上の努力と工夫を重ねる必要があった。

やがて何年かの年月が過ぎ去り、そうした苦労が実って、数人の若者と一緒に念願の卒業証書を手にすることができた。蠍もどきの粘り勝ちだった。

そんな私の姿をいつも黙って見ていたK省のN課長が、卒業と同時に工場から事務所に引っ張り上げてくれた。異例なことだった。厚生係に配属されたが、事務の仕事は全くの素人だから係長連中に随分いびられた。しかし、持ち前の根性でどんな仕事でも懸命に取り組み、走り回った。

事務屋になって二年目の春のことである。

私を事務室に引き上げてくれたN課長が突然、課長室に私を呼び、

「今、太田川のS出張所の係長の席が一つ空いている。お前が適任だと思うから、行

ってみんか」

と言ってくれたのである。

明らかにこれは事務係長にしてやるということなのだ。またも天が銀色の蜘蛛の糸を下ろしてくれたと思った。もちろん私に異存のあるはずはなく、喜びを隠しつつOKの返事をした。このときほど学歴の重さを肌に感じたことはなかった。海軍時代、黒米班長が私に示してくれた厚い温情によく似ていた。

古い仲間たちが盛大な送別会を開いてくれた。運転や整備といった作業に、油まみれでともに働いてきた仲間たちである。

「よかった」

「おめでとう」

温かい友情の言葉が心にしみ入り、酒が一段とうまく感じたのが忘れられない。

新米係長

私の新しい職場は太田川の上流に建設する堰の建設現場だった。全く経験のない事務係長の仕事である。アドバイスしてくれる者などいるはずもなく、自分の努力でこれをマスターしなければならなかった。

先が思いやられたが、慣れてみるとこれほど楽なものもなかった。悩みの種だった人間関係もスムーズに運び、居心地のよい職場であった。それというのも所長はじめ、その他の職員が皆いい人ばかりだったからである。

少々、私の心のたががゆるみかけていた頃だった。突然どぎつい試練が私に襲いかかってきた。

事務室で一人、経理の帳簿を整理していたとき、突然扉を乱暴に押し開け、一人の暴漢が侵入してきたのだ。

「わりゃ、わしを舐めとるんか。やったるぞ」

などと喚きながら迫ってきたのである。手にはドライバーが握られている。すえたような酒の臭いがぷんと鼻をついた。

瞬間、私は立ち上がり身構えた。一昔前、拳法道場で稽古の前に座禅を組み、精神統一を図ったことが頭に浮かび、静かに相手の出方を待った。

一触即発の険悪な空気が漲《みなぎ》った。そのとき突然私の部下のA君が入ってきたのだ。

その場の険悪な空気を読んだA君は、やにわにその暴漢に飛びかかっていった。私の助太刀をするつもりなのだ。私は慌てて二人の間に割って入り、懸命に二人の動きを制した。凶暴な相手だけに、大事に至ってはという配慮だった。

新任の係長の態度が傲慢に見えたのかもしれぬと、私は反省した。そしてそんな私に味方してくれたA君に感謝するとともに、いつの日か恩返しをしなければと心に刻み込んだ。

河川管理

当時建設中だったT堰は、広島市内やその他の地域に飲料水を供給する役と洪水を調整する役を兼ね備えた多目的堰で、S建設が請け負っている大工事であった。

事務係長の私は直接関係はなく、人事関係や河川管理の仕事を任せられていた。出張所が管轄している河川の中には、広大な河川敷やゴルフ場などがあり、元来じっとしているのが苦手な私は、河川管理に名を借りてよく歩き回った。あちこちにある広い河川敷には芝生が敷きつめられ、ゴルフの練習にはもってこいの場所もある。

所々に「ここでゴルフの練習をすると危険です。絶対にやらないでください」と書いた看板が立てられている。以前から、ゴルフボールが通行中の自動車のフロントガラスを割ったり、家のガラス窓を壊したりする事故が後を絶たなかったからである。それにもかかわらず、この看板のすぐ横でゴルフボールを打つ輩がいる。

「危険ですから、ここで練習するのは止めてください」

と注意をすると、舐めているのか一向に止めようとしない。

思わずむっとして一戦をと思ったが、いちいちそれをやっていては身がもたない。放っておくことにした。

ゴルフは元来、マナーを最重視するスポーツではなかったか。地に落ちたものだ。猫も杓子もゴルフをする時代だから仕方がないのかもしれないが、ゴルフの神様も泣いているに違いない。

それ以来、私はゴルフという奴が大嫌いになった。

太田川の中ほどの堤防の上に出張所が仮設してあり、私たち職員の根城になっていた。川の上流から下流の方まで、よく見渡せて、管理上非常に都合がよい。

ある日、据え付けてある望遠鏡であちこちを眺めていると、何か白いものが目に飛び込んできた。

男の土左衛門だった。二十歳前後と思われる全裸の男の死体が、川砂の上に流れついているのだ。どのような理由でこうなったのか、白く膨れ上がった若い男の姿が哀れでならなかった。

このときふと息子のことが脳裏をかすめた。この土左衛門の姿と息子が重なった。息子の秀雄も、家に閉じこもっている状態だったため、他人事とは思えなかったのだ。

息子は小学生時代トップの成績だったが、中学に入ると途端にあやしくなり成績も下がり始め、時々現実離れしたことを言うようになっていたのである。先生の影響でもあるのか、彼の部屋の本棚には見たこともない本が並んでいる。

「宇宙力」

「超能力」

人間は努力次第で超能力を持つことができる。そんな内容の本ばかりだ。

教師の言葉や本の内容が若者に与える影響が大きいことは、言うまでもない。心の不安を抱えている時期だから、特に慎重に扱ってやる必要がある。

若い男の土左衛門を見ながら、私はそんなことを考えていた。この男がなぜこんな姿になったのか知りたいと思ったが、詳細は掴めなかった。

川の生き物

堰の工事はまだ準備段階に入ったばかりだから、職員たちは暇を持て余していた。工務係長のN君が、

「信さん、鮎釣りに行こう」

と誘ってくれた。

糸の先っぽに十本くらいの釣針をつけた竹を肩に、流れの速い川の中に入っていった。膝くらいの水位だったが、流れが急で下手をすると流されそうになる。これで死んだ人もいるという。

「糸の先につけた錘を川底の石の上を転がすように流せ」

N君の指示通りやってみたが、何時間経っても何の手応えもない。一日中、川の中に浸かっていたが、一匹も釣れず鮎釣りが一遍に嫌いになった。N君は流石で、五、

六匹の鮎をものにしていた。

この川にはさまざまな生物が棲んでいる。鮎、蟹、うなぎ、すっぽんまでいる。

ある日、職員のS君がドンゴロス（麻袋）一杯分もの川蟹をとってきた。そこで出張所の小母さんに茹でてもらい、皆でそれを肴に一杯飲むことになった。川蟹は腹の味噌だけが食べられる。それが実に珍味ときているから、つい酒のピッチが上がる。

しかし、それが不幸の始まりだった。初物は当たるというが、私にとって川蟹がそれで、何時間かの後、私は食べた物をすべて吐き出してしまった。上からも下からも出すものは皆出してしまったが、苦痛はおさまらず、死ぬかと思うほどのたうち回った。

それからというもの、私は蟹の顔を見るのも嫌になった。

S君の病気

その川蟹をとってきたS君が突然入院することになった。まさか川蟹の祟りとも思われぬが、胸が痛いというのだ。

江波の海岸近くにある胸部専門の病院に入院したS君を、時々見舞いに行った。コートを着る季節だというのに、窓が開け放たれ、冷たい風が部屋を吹き抜けている。結核菌がこもらないための措置であろうか、何ともうそ寒い風景である。

病気の原因が判然とせず、一カ月ほどで退院してきたが、今度は手足の関節が痛いと言い出した。彼は、

「入院中に使用された注射の副作用のような気がする。病院に行って聞いてみてくれないか」

と言う。

さっそく、その病院の担当医にその旨を伝えたところ、

「そんなことはあり得ません」

と一蹴されてしまった。仮にその疑いがあったとしても、医師の面子として否定せざるを得なかったのだろう。

それからもS君の状況は悪化するばかりで、仕事に出てきても階段を昇降するのもやっとという状態になっていた。奥さんのたっての頼みで、別の大病院で診てもらうことにした。そこで私は担当医から意外な話を聞かされたのである。

「Sさんの病気は慢性関節リウマチで、未だにその原因も治療方法も分かっておりません。ただ、昔からの言い伝えで、脳から悪い血が下ってきて起きる病気だと聞いております」

現代医学の先端をいく医師の言葉としては、何とも不可解な答えである。

しばらく通院することになったが、何の効果も現れず、手足が動かず寝たきりになってしまった。

時々、S君の家に給料などを届けに行ったが、その度に夫婦揃って仏壇の前に座り、念仏を唱えている姿を見た。現代医学をもってしても治らないのでは、神仏にすがるしか他に方法がないのだろう。実は私も、息子のことで仏にすがっていたから、夫婦の気持ちが痛いほどよく分かったのだ。

息子の秀雄は、せっかく入った県立高校を自分で退学届を出し、やめてしまっていた。理由を聞くと、

「学校に行っても何にもならん」

と言う。

「何にもならんということはない。今からのお前の人生に最も必要な知識や人格を学

ぶ大切なものだよ」

「それ以上のものが他にある」

暖簾に腕押しである。どうも本棚に並んでいる妙な本の影響を受けているようだ。これ以上、何を言っても通じないだろう。親に似て、一度こうと決めたらテコでも動かない一途なところがある。

私自身も若い頃、中学校を無断でやめ、家出してきた苦い経験がある。それでも何とか人生を乗り切ってきた。だからそのうち何とかなるだろうくらいに考えていたのである。しかし不安を拭いきれず、「裏山にある観音様を拝むと御利益がある」と近所のお婆さんにそそのかされ、私たち夫婦は毎朝四時に起き、石ころだらけの細い山道を登り、観音様の前に跪いて息子の回復を願い祈り続けていたのである。

リウマチのS君夫婦と同様の悩みを抱えていたのだ。

汚職

工事も順調に進み、完成半ばにさしかかっていた頃のことである。

ある日、鮎釣り名人のN係長が、

「今晩、わしに付き合え」

と私に耳打ちした。

何事かといぶかりながらNの後をついて車に乗り込むと、市内に向かって走り始めた。車は市の中心部にある豪壮な料亭の玄関に横づけされ、水を打った石畳の奥に、落ち着いた料亭の入り口が見えた。すかさず二、三人の仲居が笑顔で私たちを迎え、奥座敷へ案内した。

「何も心配せんでもええ。わしがS建設にちょっと電話しといた。わしに任しときんさい」

とNがうそぶいた。

私は何やら後ろめたいものを感じ、尻がもぞもぞし始めた。

しかし、時が経つにつれ、酒豪のNと私は三味の音とともに歌に踊りにと、我を忘れて遊びほうけたのである。何とも節操のない哀れな小役人どもであった。

明くる朝、すっかり酔いの醒めた私はひどく寝覚めが悪かった。後ろめたさが心に残って離れないのだ。

その夜、私は前夜の料亭に行き、

「女将、昨夜の俺の分を支払う」

と単刀直入に申し入れた。

「何を酔狂なことを言うてますねん。そんなことをすれば、かえっておかしくなりまっせ」

嘲笑うように、はね返されてしまった。こういう世界は私のような朴念仁には肌に合わないようだ。これが汚職に当たるのかよく分からないが、不謹慎なことには違いない。私は心に恥じていた。

しかし、人間という者は愚かなものである。いつしか我を忘れ、その後、何度となくこの料亭に出入りするようになっていた。

「蠍もどき」はどこに隠れたのか。私はすっかり骨抜きになってしまっていた。

幽霊小屋

ある日、漁業組合長が陣中見舞いと称して、バケツ一杯の鮎を事務所に持ってきた。鮎は高級な魚で、安月給取りの口に滅多に入るものではない。うまい肴と酒で、いつになく酔いの回った私は、いつの間にか宿直室で一人寝込んでしまっていた。

夜中の一時頃であろうか、ふと異様な気配を感じ、目を醒ますと枕元に一人の女が座っている。

生暖かい風がそよと私の頬をなでた。

青白い顔をした女は、ただ黙って座っている。

起き上がろうとしたが、金縛りにあったのか身体が硬直し動くことさえできなかった。すさまじい恐怖が全身を包み、あぶら汗がしたたり落ちた。

いつの間にか女はいなくなり、眠れぬまま朝を迎えた。初めて味わう不思議な現象であった。

出勤してきた古株の職員にこの話をすると、やはりという顔で、

「この出張所は以前、墓場だったのを整地して、その上に建てたもので、今まで何人も同じ目に遭っているんですよ」

とこわごわ話してくれた。

息子の回復を願って神仏にすがり祈っていた私は、その効果が全く見えないことか

ら神仏に対する畏敬の念を失いかけていた。言うなれば、神仏などこの世に存在しないと思っていたのだ。しかし、何の先入観を持たない私が同じ場所で他の人と同じ現象に出合ったという事実により、この世には人智の及ばない何かがあるのを認めないわけにはいかなくなった。息子が訳の分からない本を読み、学校までやめ、一人で悩んでいるのを見て、超能力なんかあるはずがないと決めつけていたのだが、それが少々ぐらついていた。

狂気

そんな私にまた一つ不安が生じた。それは、ふと息子の部屋を覗いてみた私の目に映った、異様な光景によるものだった。机、本棚、ステレオと、あらゆる家具に黒い墨で訳の分からない文字が書き殴ってあるのだ。

これは明らかに息子の心の中に何かが起きている。

私は観音様のところに登るのを止めた。いくら拝んでも何の功徳がないのが分かったからだ。そして今度は別の神様にすがることにした。ある人の言葉を信じ、西の方にある神様に日参し始めたのである。

それにしても節操のない話で、これでは神仏もそっぽを向かれるに違いない。神仏は実在するものではなく、己の心の中にこそ存在するのだと気づいたのは、私が随分と年を重ねた後のことである。

神仏が頼りにならないのであれば、己の力でやるしかない。そう思った私は一計を案じた。父親の自分が一時身を隠してみたら、息子がどういう心の動きを見せるか試してみようと考えたのだ。

「わしは今日から家を出て出張所で寝ることにした。息子のためだ。よく注意して見てやってくれ」

そう妻に告げると家を後にした。

出張所の宿直室に寝たが、この前出てきた幽霊は、恐れをなしたのかなぜか出てこなかった。その代わり、大きな蛇が夜中に天井を這っているのを見て胆をつぶしたのが情けない。

十日ほど経って電話で息子の様子を確かめたが、何の変わりもないという。やはり、このくらいのことで息子の心が休まるはずはないのだ。目に見えない大きな力が息子を追いつめている。

私はふたたび神仏にすがろうと決めた。知人の口車に乗り、仏壇を買い替え、毎朝念仏を唱え、息子のために祈った。富士山に何回も足を運び、懸命に祈り続けた。しかし、息子は親の努力を嘲笑うかのように、何の変化も見せようとしなかった。

一度、私が仏壇の前に座って祈りを捧げているとき、息子が後ろに立ってその姿を見つめていたことがある。

「お前も一緒に拝んでみないか」

と言ってみたが、鼻で笑って部屋に引っ込んでしまった。

――そんなものが何になる。馬鹿な真似はやめときんさい――

そんな日だった。

夫婦と息子の心は、次第に遠ざかっていくように見えた。

それでもときには、

「一緒に散歩でもしないか」

と誘ってみるが、足腰が弱っているのか、動こうとしない。

ある日、私は思い余って息子の部屋を覗いてみて、さらに腰を抜かしそうになった。驚いたことに、天井一面に五寸釘が無数に打ち込まれ、五寸釘の頭に赤や青の紐が結ばれ垂れ下がっていたのだ。

まるでお化け屋敷である。私は頭の中が真っ白になった。息子は明らかに精神に異常を来している。

「秀雄、今日、私と一緒に医者に行って診てもらおう」

思い切って言ってみた。

断ると思ったが、意外にも、

「うん」

とうなずき、車にも素直に乗り込んできた。

家から二十キロばかり離れた山の麓に、古びた精神病院があった。

中年の院長先生が息子といろいろと話をしていたが、結局、

「少し様子を見ましょう」

と無罪放免を言い渡したのである。

この先生は本当に大丈夫なのか——私は不安にかられたが、一応連れて帰った。

それから後も、息子の心はますます混迷の度を深めるばかりだった。神仏が頼りに

ならない今、医学に任せるしか方法はない。不信と不安を押し隠しながら、私はふたたび秀雄を車に乗せ、病院に向かった。

妙なことに今度は「即、入院」という診断が出て、入院することになった。院長の軽い診断が気になったが、今はそれどころではない。息子とともに病室に向かって歩いていく私の心も平穏ではなかった。

薄暗い部屋に五、六人の患者が座っていて、入ってきた私たち親子に一斉に目を向けた。その人たちの目は明らかに何か異様な光を放っている。思わず息子の手を握り、引き返そうとした。しかし、

「ここで引き返しては何にもならない。心を鬼にして試練に耐えさせよ」

蠍もどきの声であった。

後ろ髪を引かれる思いで息子を残し、部屋を出た。

病院の出口に向かう廊下を歩いていると、二階の病室の窓辺に腰をかけ背を丸めた息子の姿が見えた。その淋しげな後ろ姿を見ていると、大粒の涙がぽたぽたと私の目から流れ落ちた。これはすべて父親である己の罪であり罰なのだ。この罰はすべて己がかぶらねばならないが、ここに至っては息子に辛抱してもらうしかない……。

息子が入院して三週間が過ぎた頃だった。病院から突然、電話がかかってきた。

「息子さんが二階から落ち、怪我をされましたからすぐ来てください」

看護婦の慌てた声だった。

私は車を飛ばした。

到着して息子を見ると、あちこち、すり傷はあるものの、大した怪我ではないようだった。

「息子さんは自分から飛び降りたのですよ」

看護婦の迷惑げな顔があった。

「この病院は息子には向いていない」

私は強引に院長から退院許可をもらうと、息子とともに逃げるようにこの病院を去った。真っ赤な夕陽がフロントガラスを通して私たち親子をまぶしく照らしていた。

ふと、横に座っている息子の顔を見た私は、驚いて思わずブレーキを踏んでしまった。

口からよだれを垂らし、目は空ろ、真っ赤な夕陽を受けた息子の顔は、まるで幽界からさまよい出てきた人のようだったのである。

「これは明らかに薬の副作用だ。病院は効果が期待できないのを承知の上で、ためらいながら投与したのだ」

そのとき、私はそう思った。

こうした病気に対しては、神仏も医学も歯が立たないと、そのときつくづく感じたのである。進歩している現代医学でも解明できない病気は、おそらく相当な数に上るはずだ。もうこうなったら成り行きに任せるしかない。今、息子にしてやれることは自然に委ねることだけだ、そう思った。

秀雄の変化

そんな私の苦悩を愚弄するように事件が勃発した。息子が突然、家を飛び出し姿をくらましたのである。

目に見えない恐怖感が私たち夫婦を襲った。

心当たりを探してみたが一向に見つからず、気もそぞろの私の元に、地元の警察署から電話がかかってきた。

「お宅の息子さんを保護しているから、すぐ来てください」

悪い予感におびえながら署に出頭した私が見たものは、薄暗い留置場の中で膝を抱えてうずくまっている息子の哀れな姿だった。

「息子さんは街の中古車販売店の車を盗もうとして店の主人と格闘となり、捕まって警察に突き出されたのです」

と警官が説明してくれた。住所・氏名を聞き出そうとしたが頑として口を割らず、警官をてこずらせたが、やっと今日聞き出したというのだ。

超能力の本を読み、自分も超能力者になれると信じ、山奥で修行するために車を盗もうとしたに違いない。私はそう読んだ。

息子は家庭裁判所に移送され、審判の結果、少年鑑別所に収監されることになった。

裁判官は息子が心を病んでいることに気づいていない。表面はただの少年にしか見えないのだから、心の中まで見通せるわけがない。感づいていたとしても、強盗未遂の事件を引き起こした少年にそんな配慮など無用というのが本音だったかもしれない。

しかし、私はその方がよいと思っていた。少年鑑別所に入れば、厳しく規則正しい生活が待っているはずである。それが息子の心を変えてくれるかもしれないと思ったのだ。それが私の一縷の望みだった。

一度、日用品を届けるため鑑別所を訪れたことがある。息子は案じていたより明るい顔をしていた。

「大丈夫か」

「うん、元気だよ」

私の一縷の希望が当たっているように見えたのが、日々思い悩んでいた私たち夫婦の救いだった。


六カ月の鑑別所生活から解き放たれ、家に戻った息子は少し垢抜けて見えた。息子には毎月一回、保護司の先生のところに行き、指導を受ける義務が課せられていた。

家の近くで材木問屋を営んでいる保護司の家に、息子と一緒に挨拶に行った。優しい笑顔で親子を迎え入れた保護司の先生は、

「これから私が君のお世話をします。気楽な気持ちでやってください」

穏やかな口調が、親子の心を和ませた。

「君はとても悪人には見えない。お互いに勉強しながら社会のためになるよう頑張りましょう」

立派な励ましの言葉だった。この先生も息子が心を病んでいることに気づいていないようだ。先生の娘さんであろうか、息子と同年輩の美しい少女が茶菓を運んでくれた。

帰る道すがら、

「あそこの娘さんは随分きれいな人だったね」

と話しかけたところ、

「大したことはない」

にべもない答えが返ってきた。

美しい物を見ても、美しいと感じることができないほど、心が萎えてしまっているのか。それとも照れ隠しなのか、どうもよく分からない。

しばらくは落ち着いていた息子がある日、突然、

「もう一度、病院に入ってみようと思う」

と言い出した。

息子の心に何が起きたのか。病院に入るということは元の自分を取り戻したいという願望なのだろうか。いくら親でも息子の心の中を読めるはずがなく、ただ少しだけ明るい光を見た思いであった。

私は決断した。家にいても、どうにもならないのだ。

「よし、行こう」

以前入院した病院では、らちが明かない。新しい別の病院を探すために歩き回った。そして幸いなことに、最近できたばかりの新しい精神病院を見つけ、息子とともに出向いていった。市の中心部から少し離れた山の中腹に建てられた三階建ての白亜の病院は、何か心休まるような印象を私たち親子に与えた。

東大出身という若い院長は、息子を診ると、

「すぐ入院しなさい」

と宣告した。

有無を言わせぬ素早い対応だった。十畳ほどの真っ白い部屋に三つベッドが並び、まるでホテルのようだ。以前の病院とは格段の差である。心なしか息子も生き生きとしているように見えた。

我が家

息子が事件を起こし、少しおかしくなった頃から、私は自分の家を建てようと考えていた。息子がおかしくなったのは、住んでいる家が悪いからだと思い込んでいたからだ。それに自分の家を持つということは幼い頃から抱いていた夢でもあった。

思い立つとすぐ実行に移すのが「蠍もどき」である。市の西部に造成された新興団地の中に手頃な土地を見つけ、ローンを組んで家を建て始めたのは、木の葉がすっかり落ちた頃だった。

白い雪が舞う寒い中、夫婦揃ってよくそこへ出かけた。我が家を持つ喜びが、自然と足を向かわせるのである。

時々、私は病院の息子に会いに行った。その度によくなっているように思えてならなかった。環境がそうさせるのか、この病院はバレーボールなどの運動もとり入れている。そんな画期的なことが功を奏したのだ。

冬が終わり桜のつぼみがふくらみ始めた頃、やっと我が家が完成した。住み慣れた町営住宅を出て、新居に移ってきた。木の香りも新しい家の住み心地は満点だった。十二年間も生活をともにしてきた犬のタローもはしゃぎ回っていた。

失踪

新築の喜びの最中《さなか》に、突然、病院から電話がかかってきた。

「ちょっと来てください」

院長の声だ。以前、入院していた病院で息子が二階から落ちたときの電話を思い出した。今度もまた何かやらかしたのか、心中、穏やかならぬ思いを抱きながら車を走らせた。

院長室に入ると、息子が院長と何か揉めている。「家に帰る」と言い張っているらしい。息子の目は何か異様な光を放っている。ただ事ではない。息子の心はふたたび狂乱の世界に舞い戻っているように見えた。

「院長先生。誠に勝手ですが、息子を連れて帰りたいと思いますが、いかがでしょうか」

私の言葉に院長は、

「いいでしょう」

と素早く対応し、退院の許可をくれた。彼の病状をつぶさに把握していたから、「帰宅させても差し支えない」と判断したのであろう。

新築したばかりの自分の部屋に入った息子は、満面に笑顔を浮かべていた。

息子が突然、家に帰ると言い出した理由を私は知っていた。入院中に知り合った同年代の女性が退院していったのが、息子の心を乱す引き金になったのだ。息子は彼女に恋をしていたのである。私が行く度に、息子は彼女のことを笑顔で話してくれていた。

私は彼女の退院を恨んだ。もし彼女が退院していなければ、息子は良い方向に進んでいたかもしれないのだ。随分と自分勝手だが、これがこの病気の特徴と思えば諦めもつくが無念であった。

犬というのは賢いもので、何カ月も会っていないのに息子のことを忘れていなかった。いつも傍にいて息子の心を癒してくれていた。

しかし、ふたたび異変が一家を襲ってきた。

息子が朝早く家を出て、姿をくらましたのである。私たち夫婦は必死であちこち心当たりを探してみたが、息子の姿は杳として見つからなかった。

やむを得ず、捜索願を警察に提出した。


息子が姿を消したのと時を同じくして、堰の工事が完成した。私たち職員は、幽霊屋敷から新しく完成した堰の事務所に引っ越した。

市の飲料水を確保し、洪水を調整するコンピュータ管理室、事務室など、近代的装備を備えたピカピカのビルが職員たちを迎え、われわれは一斉に「オー」と歓声を上げた。

所長が「完成祝いに温泉に行こう」と提案し、職員一同、揃って業者のバスを借り、山陰の温泉に一泊旅行することになった。

運転手は私が暴漢に襲われたとき助太刀してくれたA君。このときA君は体調があまり良くないと見え、ハンドル操作も危なっかしく、時々川に落ちそうになる。私は遠慮するA君と強引に交代し、バスを走らせた。

昔とった杵柄で運転はお手のものだが、このバスは業者からただで借りた車だけに、やると言われても断るほどのポンコツ車だった。旅費をけちった報いだ。ハンドルは重く、チェンジレバーは入りにくい、廃車寸前の代物なのだ。A君がもたもたしていたのもうなずける。

苦労の末、辿り着いた温泉旅館は山奥のひなびたところにもかかわらず、随分と立派なホテルだった。

その夜の宴会はいつになく盛り上がった。酒豪が揃っている上に、二、三人の若い芸者が花を添えたからである。皆、平素の憂さを晴らすかのように、飲み、歌い、踊りほうけた。

私も若い美人芸者と踊っていたが、何を思ったかその芸者がいきなり私の越中ふんどしの端を引っ張ったのである。はだけた浴衣からはみ出ていた白い越中ふんどしを引っ張られた私は、座敷の真ん中にどうと倒れた。

皆が笑い転げた。

越中ふんどしは私が海軍時代から締めている、いわばお守りなのだ。頭に血が上った私は芸者に馬乗りになると、淫らな行為に及ぼうとした。

そのとき、「こら、信、何をしとるか。そこらでやめとけ」。蠍もどきの声が聞こえた。すっと頭から血が引いた私は、静かに芸者を助け起こすと席に戻り、ふたたび盃を手にした。すんでのところで事なきを得たのは、蠍もどきの理性の働きだった。

帰途も私が運転をした。おんぼろバスを巧みに操りながら無事に広島に辿り着いた。

「ただより高いものはない」

おんぼろバスが言った。


そんなA君が、その後間もなく、腸閉塞で亡くなった。慢性関節リウマチを患っていたS君も、A君の後を追うように死んでしまった。

私と親しかった人が次々と亡くなっていく。自分の身辺には何か悪い霊でもいて祟っているような気がしてならなかった。

堰が完成し、開閉扉が閉められ水が溜まり始めた。

すると多くの魚が次々と集まってくる。中でも最も多いのが「猫またぎ」と呼ばれる魚だった。三十センチメートルほどの黒い魚で、何万匹となく群れ集まっている。惜しいことに猫もまたいで通ると言われているだけに、まずくて食料にならないのだ。

一度、この魚を料理して食わしてくれた人がいたが、とても口にできる代物ではない。戦時中であれば、人びとは争ってこれを食ったに違いないが、時代の相違であろう。

破局

息子が姿を消してから、早くも約一カ月が過ぎようとしていた。やや記憶が薄れかけていた頃、突然三人の刑事が家にやって来た。

「この先の山中で男性の変死体が発見されました。遺留品からお宅の息子さんではないかと思われます。一応、取り調べたいので、署までご同行願います」

ついに来るべきものが来た――。

刑事たちの車の後を追いながら、「息子はもうこの世にはいない」と、確信のようなものが私の頭の隅をよぎった。

署に着いた私は一応の取り調べを受け、息子の自殺が裏付けられた。

「死体を確認してください」

警察の指示で署の裏手にある倉庫のようなところに案内されたが、薄暗く、いやなところだった。

中央に長机が置かれ、その上に半ば白骨化した死体が、裸電球の光に浮かび上がっていた。

頭蓋骨だけが本体から離れ、こちら向きに立てられていた。松の木に空手帯を引っかけ首を吊ったが、風雨に晒され腐敗した肉体の首と胴が別々になって落下したのであろう。

わずかに残っている数本の長い髪の毛が額から垂れ下がり、二つの黒い洞穴が私の方を見ていた。

そのすさまじい様相に私の心は凍りつき、全身に冷たい脂汗が流れ落ちた。

「お父さん、ご免な」

息子の声が聞こえたような気がした。

身体が硬直し、いつまでもその場に立ち尽くし、息子の頭蓋骨を見つめていた。

死体の下に敷かれていた見覚えのあるジャンバーが、息子だと教えてくれた。

葬儀

哀れと思ったのか、警官が棺の手配から車の手配までしてくれた。

息子を家に連れて帰り、客間に安置した。

白骨化しているとはいえ、腐肉が骨にまだこびりついている。部屋中に異臭が充満し、とても人様に来てもらえる状態ではない。

夜が明けると、すぐに遺体を焼却することにした。この状況では通夜も葬儀もできないと判断した私がとった、異例の措置だった。

翌朝、街はずれにある火葬場に息子を搬送した。四、五人の親戚とともに棺が焼却炉の中に入っていくのを見送り、控え室で待った。

物思いにふけりながら静かに座っていると、一人の従業員が控え室を覗き、私を手招きして、小声で、

「ちょっと、来てください」

と言う。

何事かといぶかりながら従業員の後についていくと、焼却炉の中が見えるようになっている丸い硝子窓を指さし、

「こんなことは初めてなので来てもらいました」

と言うのだ。

硝子窓を覗くとすぐ目の前に、真っ赤な炎を背に、額から数本の髪の毛を垂らした見覚えのある頭蓋骨が、こっちを見ていた。

従業員が胆をつぶしたのは無理もない。

息子は最後の別れを告げようと親父を呼んだのだ。

「迷わず成仏してくれ」

思わず手を合わせ息子の目を見つめた。

人に大した迷惑もかけず、一人であの世に旅立っていく息子が哀れでならなかった。その全責任はすべて父親の己にある。慚愧の思いが胸を締めつけた。すさまじい息子の最期の姿を見ていると、息子が何を言おうとしているのか分かるような気がしてきた。

「私は狂っていたのではありません。考え過ぎて少し心がねじ曲がっただけです。馬鹿と天才は紙一重と言うではありませんか。人生なるようにしかなりません。くよくよ考えないで長生きしてください」。

息子は中学生の頃、ジョークの好きな子であった。人を笑わせ仲間にも人気があった。少し内気なところもあったが、明るく優しい子供だったのである。それがいつの間にか、超能力への道を歩むようになり、自滅したのだ。

運命なんて変えようがないんだ……。

炎の中で崩れゆく息子を見ながら、私は深い溜め息をついた。

我が家系は呪われているのかもしれない。父母も早く死に、兄や妹も若くして世を去り、残されたのは姉と私の二人だけだった。祖先の誰かが人々を苦しめたり、殺したりしたのだろうか。そんな気さえしてくる。

幼い頃から世話になった祖母の家でも、次から次へと不幸が続いた。大黒柱の叔父は屋根の修理をしていて滑り落ちて死に、長男も次男の結婚式の夜、客を送りに出て自動車に轢き殺された。

祖母が独り淋しく大きな家で暮らしていた。

第四章　老いてなお

錯乱

一人息子が死に、新築したばかりの我が家に冷たい風が吹き始めていた。十三年も家族のように暮らしてきた犬のタローが車に轢かれ、息子の後を追うように天に昇っていったのが狼煙だった。

ある夜のこと、私が妻の身体に触れようとしたとき、

「あんたもひつっこいね」

鋭い冷たい声が私の心を突き刺した。今まで聞いたこともない毒を含んでいた。妻は元々、冷たい心の持ち主だが、一人息子が死んで一気に本音を曝け出したのだ。しばらくそのままじっと動かなかった私は、やおら立ち上がると背広に着替え、静かに

家を出た。

バスに乗り、市内中心部の盛り場に向かった。臍曲がりの反乱である。

青や赤のネオンが目に眩しい。結婚以来、一人でこんな場所に来たことはない。酒を飲み、挙句の果て女とホテルにしけ込んだのである。

そして私の悲劇が始まった。

女の身体に触れても男性のシンボルは何の変化もみせず、萎んだままなのだ。焦れば焦るほど、みじめになるばかりだった。こんなことは過去一度もなかった。結婚以来、一度も浮気などしたこともない真面目亭主に、誰かが灸をすえたのかもしれない。それとも、そろそろ還暦だからもう卒業しなさいということなのか、それならば事は重大である。

しかし、臍曲がりはしぶとかった。仇討ちとばかり、次の夜もネオン街に足を運び、酒をあおり再挑戦を試みたのである。しかし、天は非情だった。あえなく返り討ちに遭ってしまったのだ。

男の面目、丸潰れである。

原因は一体、何なのか。医者になど相談できるはずもなく、ただ己の心を酒でごまかすしかなかった。

一人息子の死。

妻との確執。

性機能不安。

そんな悩みを抱えた男の行きつく先は、酒場しかなかった。糸の切れた凧のごとく、毎夜のように街をさまよい歩き酒を呷った。

ただ女だけには手をださなかった。二度と無様な思いをしたくないという男のプライドがあった。プライドというより意地だった。流石に臍曲がりにも焼きが回っていた。

そんなとき、

「同じ金を使うのであれば、もっと〝有効な〟使い方があるではないか」

誰かが私の耳に囁いた。

そこで思いついたのが、もう一度我が分身を作ろうという奇想天外な発想だった。

誰か若い女に己の子を産んでもらおうというのである。このまま朽ち果ててしまうのでは今まで生きてきた甲斐がないではないかというのが、その理由だった。

ミルナという女

ある晩のことである。何かに惹かれるように小さなバーに入ったのが私の計画の序奏だった。

若い女が一人、ぽつんと客を待っていた。

「いらっしゃい」

少しおぼつかない日本語で迎えてくれた。南の方の国からでも来たのか、色は少し浅黒いが瞳のきれいな美しい女だった。彼女は両手で目を隠す仕草をしながら、

「私はミルナ」

とジョークを交えた自己紹介をして、微笑んだ。

酒の相手をしながら話す彼女によると、出身は南の国Hで、六カ月の滞在期間を限りに日本に出稼ぎに来ており、期限が来ると帰国しなければならないというのである。

「ワタシの国はビンボーで、日本に来れば国の何倍もの金が稼げるから家族を養うこ

とができるのです」

懸命な話し振りにウソはないようだ。

私はそんな彼女に白羽の矢を立てた。しかし彼女の滞在期間は、あと一カ月しかなく、私の野望はとてもかないそうにはなかった。諦めざるを得ない……。

短い交際だったが、ミルナは心惜しげに熱いキスを私に残し帰国していった。

アナという女

ミルナが帰国した後も彼女の優しい雰囲気が何か懐かしく、その系統の店を私は探し歩いていた。

そして偶然、二つ目の店を探し出したのである。

この店は、ミルナの小さな店とは比べものにならないくらい大きな店で、二十人ほどの女がひしめき合っていた。広いフロアに豪華なソファ、洒落た雰囲気の中で一人飲んでいるとき、最初に私に声をかけたのが「アナ」であった。十七、八歳であろうか、色白の美しい娘で、私の好みにピッタリである。

それ以来、私はこの店に通い続け、アナを相手に飲み歌い、かつ踊りまくった。

そんなある夜のことである。

酔っ払った客の一人がビール壜で、一緒に飲んでいた相手の男の顔を殴りつけるという事件が発生した。鮮血が飛び散り、店の中は一瞬、パニック状態になった。私は思わず立ち上がり、暴れる男の背後に回って羽交い絞めにし、

「止めろ」

と怒鳴った。酔いも手伝ったし、女への見栄もあった。

男は振り向きざま、

「われがいらんことをさらすな」

と凄んだ。眼は充血し、その奥に錯乱の炎がめらめらと燃えている。明らかに凶暴な酒乱の相である。

「こんな奴を相手にしてもろくなことにはならん。早々に立ち去れ」

蠍もどきの声に、私は素早くその場から離れた。

しばらくするとパトカーが来て、男を取り押さえ連行していったが、危ういところだった。

ようやく騒ぎが治まり、ふたたびアナと向き合った私は、いきなり、

「俺の子を産んでくれないか」

と切り出したのである。唐突だったが、酒の勢いもあった。

「OKよ。でも私の国で結婚式を挙げてくれなければ駄目」

逃げ口上なのか本気なのか、よく分からなかったが、その言葉に嘘はないようだ。南方の彼女の国は大半がカトリック信者で、結婚式はその戒律を守るための手段なのだ。こう考えれば、この話はかなり有望と見てよかっただろう。しかし、私はそれ以上の深入りは避けた。

やがてアナが帰国する日が来た。

私は福岡空港まで彼女を見送りに行ったものの、ともに飛行機に乗るまでには至らなかったが、それが後で大きな後悔となった。まだそこまでやる勇気も自信も持ち合わせていなかったのである。これは私が逃がした大きなミスであった。これほどの女は、いくら探しても、まずいないと後から気づいたのだ。肝腎なところで、私は絶好のチャンスを逸したと言っていい。

アナが帰国してから、私はふたたび同じ系統の店を探し歩いていた。

執念深い臍曲がりである。

ジョイ

JR鉄道のガード下にある小さなバーに、雨宿りのつもりで入ったのが、ジョイとの出会いだった。五、六人の女がいる小さな店である。

カウンターで一人、水割りを飲んでいると、いきなり、

「ボギーさんでしょう」

と見知らぬ若い女が近づいてきた。まだ、十八、九か、なかなかの美人である。

「ボギー」というのは、最初に出会ったミルナが私につけてくれたニックネームなのだ。彼女らの国では男前という意味だと教えてくれたが、すべての男にこのニックネームをつけることはないとも言った。それにしても、なぜ一度も会ったこともない彼女が私のニックネームを知っているのか、不思議だった。

「私はジョイ。アナの従姉妹です。彼女から貴方のことをいろいろ聞いて、よく知っているのよ」

と明かしてくれた。

市内の同じ系統の店の情報網は隙間なく張り巡らされていて、ジョイはいち早くアナから私の情報をキャッチしていたのである。

その後、私はいつしかこの店の常連になっていた。

ジョイはアナからの情報で、私の野望を知っているのか、特別な感情をあらわに見せてくる。私にとってはこれほど好都合なことはない。

単刀直入に私は言ってみた。

「私が子供を欲しがっているのは知っているね」

「もちろん、知っています」

「では承知してくれるか」

「OKよ」

彼女には何のためらいもなかった。すでにその心づもりだったようだ。

金が目的だとしても、子供を産むということは女としても大変なことなのに、ちょっと軽いのが気になるが、もう後には引けない。

彼女たちは店の近くの女子寮で生活していたが、自由行動は禁じられていた。何か事故でも起きると、即、店は閉鎖という厳しい罰則が待っているからだ。

私はジョイと周到な計画を練り、監視の目をかいくぐってデートを決行することにした。

しかし私には二つの不安があった。祖父と孫くらいの年齢の差による精神的・肉体的なギャップ。もう一つは、今でも持ち続けている性機能不全という不安感だ。

その日は朝から雨が降り続いていた。

二人はしめし合わせて、首尾よくラブホテルにしけ込むことに成功した。不安感だけが後からついてきたが、もう進むしかない。

しかし、その不安感はほどなく完全に消し飛んでいた。作戦は何の支障もなく完了したのである。あの肉体的不安は、精神的ストレスから来る一時的不能に過ぎなかったのだ。

その後も、祖父と孫のデートは、年の差など感じさせないスムーズな展開で続いた。

「子供ができたみたいよ」

とジョイが告げたのは、そろそろ彼女の滞在期間が終わりに近づいた頃であった。

今度は彼女に同行することにした。彼女に買ってやった荷物が十個以上にもなるのが心配だったが、それよりも彼女の身体が気がかりだったのだ。

大阪空港からM空港までわずか三時間で結ぶ空の旅は快適だった。昔のプロペラ機などと比べ、夢のような機械文明の発達に驚かされた。そして、もう一つ驚かされたのは、この国最大のM空港に降り立ったときの喧騒ぶりだった。待合室のロビーには無数の人間が群れ集まり、薄汚れた空気が渦巻いているのだ。とてもこの国最高の空港とは思えない。

「私の国はビンボー」と言ったミルナの言葉が思い出された。

ジョイの家族が迎えに来ていた。

ジョイは両親がおらず、叔父一家の家に妹と一緒に同居していると聞いていたから、その一家であろう。その家族の傍に美しい白人女性が一人、立っていた。

「妹よ」

とジョイに紹介され、またまた驚いてしまった。この国はその昔、フランスの統治下にあったというから、その血が流れているのかもしれない。

「よく来てくれました」

叔父夫婦も、日本で芸能活動をしていたというだけに流暢な日本語である。現在、プロモーションまがいの仕事で細々と暮らしているという。仕事に必要なのであろうジープが一台、空港の前で待っていた。


この国は、自動車がべらぼうに高価で、日本で買えば十万円くらいの中古車が百万円くらいで取り引きされているという。叔父一家は私を手厚くもてなし、毎日ジープで方々を案内してくれた。驚かされたのは、運転席の横に、黒光りする一丁の拳銃がいつも置いてあることだった。そう言えば、市の中心部にある商店街では、ほとんどの店の前に拳銃を腰にしたガードマンの姿があった。中にはショットガンを得意気にぶら下げている女ガードマンもいた。治安が悪く、自衛するしかないのであろう。物騒な国である。

ある晩、

「こんばんは。ストリップを見に行きましょう」

と叔父夫婦が笑顔で私に囁いた。

ジープで出発したが、土砂降りの雨の中、狭い道路をおんぼろ車の列が続いていて、なかなか前に進めない。そのとき突然、大型バスが我々のジープの前に割り込んできた。ずいぶん乱暴な奴だと思った途端、ジープを運転していた叔父がやにわに傍の拳銃を掴むと、バスに向かって飛び出した。私もジョイと一緒にすかさず後を追った。あわやというとき、駆けつけた私たち二人の懸命の説得でやっと事なきを得た。

国民性なのか、かなり気が荒く乱暴な連中である。街の至るところにキリスト像が立っているが、何のためのキリスト様なのか、理解に苦しむ。この国のほとんどの人がカトリック信者だというが、何を拝み何を信じているのか、その片鱗がどこにも見えなかった。

やっとストリップ劇場に着いた。入口で持ち物検査があり、拳銃などは預けさせられる。円形の舞台を取り囲むようにテーブルと椅子が並べられ、飲食しながら観劇する仕組みになっている。やがて情熱的なメロディーに乗り、一人のダンサーが華やかに踊り始めた。さまざまな珍しい舞踊が繰り広げられ、フィナーレが近づくと、十人余りのダンサーが総出で一糸まとわぬ肢体を惜しげもなくさらしながら踊り跳ねる。

一般庶民の平均給与が日本円にして月一万円というから、相当な階級でないとこんなところには来れないだろう。街にはストリート・チルドレンが溢れ、ゴミをあさり、その日の糧にしている姿をよく見かける。貧富の差が大きすぎるようだ。あちこちにある観光地にもめぼしいものは何もなく、人影もまばらで閑古鳥が鳴いている始末だ。政治・経済・社会、あらゆる面において立ち遅れているのだ。

五日間の滞在を終え、帰国の途についた私は、子供が無事に生まれるのか少し心配になっていた。

失策

私はその頃、時々、国際電話でジョイと話をした。

「身体は大丈夫か」

「ええ、大丈夫。アイラブユー、マハリキタ」

マハリキタは熱烈にという意味である。彼女の国は一時、米国に占領されていたから、英語もちらちら混じるのだ。彼女の一途さが伝わってくる。

三カ月経った頃であろうか突然、南の国から不吉な電話がかかってきた。

「ジョイが流産した」

叔父の声だった。私が心配していた予感が的中したのだ。取るものも取りあえず、南の空に向かって私は飛び立った。

ジョイは一階のソファの上で、青い顔をして横になっていた。

「大丈夫か」

「ええ」

と小さく頷いた。

聞くと、私からの電話が鳴る度に、二階の自室から駆け降りていたという。流産の原因はおそらく、それに違いない。私はほぞを噛み後悔した。

「赤ん坊は人形のように小さく、女の子でした」

ジョイは涙を流した。

俺のようなろくでなしには、しょせん子供なんか授かる資格はないのかと天を仰いだ。

悲嘆にくれている私の傍に叔父夫婦が近づき、「お願いがあります」と小さな声で囁いた。聞くと、本格的にプロモーション事業をやろうと思うので、援助してもらえないかと言うのだ。

プロモーション事業というのは、各地からきれいな女の子たちを集め、ダンスのレッスンや種々の作法などを教え込み、国家が施行するオーディションに合格した者を外国に派遣し、それで利益を得る会社組織である。

それには、それに相応しい大きな家と大人数に必要な諸設備を整えるための金が必要になる。この資金を私が出してくれれば、将来この会社の利益の半分を出すというのだ。

足元を見られたようであまり気乗りしなかったが、一人の若い娘を犠牲にした男として、ここで引き下がるわけにはいかなかった。

私は覚悟を決めた。どのくらいの費用がいるのか見当がつかなかったが、全財産をはたいても、やってやろうと心に決めたのである。

蠍もどきがついに本性を現したのだ。

今回も、こうと決めたら行動は早かった。次の日にはジープを出させ、家探しに市内に向かって走り出した。市内はさびれていて、いろいろな物件があちこちに転がっている。

郊外のひなびたところに、一軒の手頃な家が建っているのが目にとまった。百坪あまりの土地の上に、五十坪ほどの大きな家がでんと構えた立派な物件だ。中は、おあつらえむきに七つの部屋と二十畳ほどの板の間、キッチン、バスなど、大人数向きの設備が整っている。土地と家で、日本円で六百万円だという。日本で買うとすれば一億円は下らない物件である。

私はすぐに手付金を打った。こうなった以上、もう後戻りはできない。

帰国した私は家を売ることにした。二千万円で建てた家が二・五倍の四千八百万円で売れた。それというのも、バブルが崩壊する直前だったからで、何が幸いするか分からない。

離婚届を書き、売却金の半分を妻に渡したが、妻は意外にのほほんとしていた。日本での借金をすべて返済した私は、残金を懐に南行きの飛行機に乗った。一瞬の隙もない素早い行動だった。

私の買った大きな家は、板の間が大きな鏡を据えつけたレッスン場に様変わりしており、各部屋には二段ベッドが並び、すでに三十人ほどの女の子たちが、部屋でざわついていた。

家の決済を済ませ、この土地と家の名義をジョイとして登録させた。そして「ＪＹプロモーション」と書いた看板を玄関につけさせた。事務室には叔父夫婦や事務員の机が並び、その他の従業員も忙しげに立ち働いている。

いよいよ新会社の発足である。やっと一安心というところだが、私にとってはこれからが正念場なのだ。女の子たちが一人前になるには、約一年かかるという。その間の会社の経費が月約三十万円、すべて私の肩にかかっている。三十人の女の子の生活費、職員の給料など、すべて含めて月三十万円だから安いものだが、すっからかんの私にとって事は重大なのだ。

そんなことを考えている私に、叔父が不意に突拍子もないことを提案してきた。

「ジョイと社長の結婚式をやる」

と言うのである（私はとうとう社長に祭り上げられた）。

この国はほとんどの人がカトリック教徒だから、今のままでは戒律にもとるということなのであろう。

会社の事務室を仮の式場に、簡素な結婚式を挙げることになった。

本来なら、正装し多くの縁者が集まり盛大にやるらしいが、会社が発足したばかりの今、そんな余裕などない。新郎、新婦ともジーパン姿である。それでも役所から係官が来て、正式な書類に署名し本物になった。

式が終わると会社の前庭に机と椅子が並べられ、職員や三十人の女の子たちによる披露宴が開かれた。簡単なつまみとビールだけだったが、彼女たちは底抜けに明るかった。持ち前の歌と踊りで、大いに盛り上げてくれたのである。最後は花婿の私に頭からビールの洗礼が浴びせられ、文字通り水も滴るいい男にされてしまった。

どんな豪華な結婚式でもこれほど心温かなものは味わえないだろう。このとき私はそう感じていた。

しかし毎月、三十万円の経費をひねり出さなければならないのだ。もたもたしているわけにはいかない。私は翌日、帰国の飛行機に乗り、今後の計画を練っていた。

挑戦

妻も家も失い、残っているのは乗用車一台と日本刀一振りだけである。

幼い頃から欲しいと願っていた日本刀だった。拳法の関係で知り合った居合道の先生の指導でこの日本刀を使い始め、現在教士八段の腕前である。心の支えであり、唯一の宝物なのだ。

郊外にある団地のアパートの一室を借り、仕事を探し始めた。私はK省を定年退職し、天下り的に、ある建設会社の総務課長の椅子に座っていたが、給料は現役のときの約三分の一。これでは南の国に建てた会社の経費をひねり出すことはできない。課長の椅子を捨て、もっと賃金の多い仕事をと考えたが、定年を過ぎた老人である。高額な事務関係の仕事などあるはずはなく、ガードマンになることにした。

K警備会社に運よく雇われ、翌日から働き始めた。その日は生憎、朝から土砂降りの雨で、雨合羽を着ての交通整理だったが、意外な重労働で夕方頃には立っておられないほど疲れ切っていた。独り身だから朝から何も食っていなかったのだ。

六十五歳だから無理かなと、少々弱気になりかかっていた。

「へなちょこ野郎、何を言っとるか。元気を出せ」

蠍もどきの声だった。崩れかかっていた心を必死で奮い起こし、次の日も私は職場に向かっていた。

前日の雨が嘘のように晴れ上がっていた。この日の仕事は昨日とは打って変わって、随分と楽なものだった。山の中の細い道の交通整理で、ほとんど姿を見せない車の整理をするだけだから、道端の石に腰かけぼんやりと一日を過ごした。

人生、山あり谷あり。

苦あれば楽あり。

そんな言葉が身に染みる一日だった。

私はすべての自動車が運転できる特技を持っている。それがこの会社の上層部の目に留まり、バスで人員輸送を任されることになった。運転もやりガードマンもやるのだから、途端に給料は倍以上に膨れ上がった。元課長の給料など足下にも及ばない。

「わりゃ、何やっとるんなら」

乱暴なトラック野郎に罵られても、何ら気にならなくなった。金持ち、喧嘩せずである。相変わらず人に舐められるが、馬鹿を相手にしても仕様がない。ほっとけ。そんな余裕まで生まれた。毎月、南の国へ送る三十万円の経費も全く苦にならなくなっていた。

そんな私の元に突然、ジョイから電話がかかってきた。

「今、名古屋で働いています」

と言うのである。

彼女は「ＪＹプロモーション」の社長のはずではなかったか。その彼女がなぜ名古屋で働かねばならないのか、理解に苦しんだ。謎を解く必要がある。私はすぐさま名古屋行きの新幹線に乗っていた。

一の宮駅から歩いて十分ほどのところにあるパブで、ジョイは働いていた。

その店の二階に二十畳ほどの部屋があり、二段ベッドが並んでいる。その一つが彼女のねぐらで、彼女は他の仲間と同じただのダンサーに過ぎなかった。私は監視の目をかいくぐり、ジョイを店から連れ出し、近くのモーテルに入った。

「自分の会社がありながら、なぜ日本に働きに来ているんだ」

私はすぐに疑問をジョイにぶっつけた。

「私が最初に日本に来たとき所属していたプロモーションとの契約がまだ完了していない。契約を破ると監獄に入れられるから仕方がないのよ」

とジョイは弁解した。ここらあたりがよく分からないが、お国柄の違いとでも言うのであろう。

それから私は毎月一回、名古屋へ往復するようになった。ときには、駅前の安いビジネスホテルに、彼女の方から忍んでくることもあった。見つかれば強制帰国させられる危険を承知の上での密会だったが、私を思いやる彼女の気遣いであった。

やがて彼女の滞在期間が終わり、「子供ができたみたい」と言い残し、南の空に向かって帰っていった。彼女がくれた素晴らしい置き土産だった。


名古屋へ通うための費用がかさみ、ガードマンの給料だけでは少々おぼつかなくなってきた。もう少し頑張らねばと思っていた矢先、ちょうどよい具合にガードマンの合間にできる儲け口を見つけたのである。

それは昼間だけ働かせてくれるタクシーの仕事であった。都合のいいことに、私は会社から夜警の仕事を一人で任せられていて、昼間はごろごろしていたところだから、もっけの幸いだった。言うなれば、夜はガードマン、昼はタクシードライバーという両刀使いである。タクシーは売上げの五十%が収入になる。ガードマンの収入と合わせると相当なものになった。

しかし、老人の二十四時間労働である。少しハード過ぎる感もあった。高血圧の治療を受けていたが、主治医も「止めた方がええ」と忠告してくれた。しかし私には大きな夢がある。ここで止めるわけにはいかないのだ。無理を承知で、「蠍もどき」はひたすら前に向かって歩き続けた。

夜警

夜警の仕事は、夕七時から翌朝七時までの十二時間。その間、夜中の零時から五時まで仮眠ができる。この五時間という短い時間が、二十四時間労働で疲れている私の身体を癒してくれる唯一の休息時間であった。また、夜間二回の巡回だけだったので、あとは守衛室でゆっくりくつろげたのも幸運であった。

この工場は五十年も前に建てられた古いもので、いろいろと怪談話が耳に入ってくる。

「昔、若い女子工員が首を吊って死んだ幽霊が時々出るんだ」

工員の一人がまことしやかに話してくれたことがある。狐や狸、猿まで出てくる山奥の工場だけに、まんざら作り話でもなさそうだ。

工場は二十四時間操業だから昼も夜も、人影の絶えることはない。しかし、盆や正月になると、工場はがらりとその様相を変える。人っ子一人いなくなり、三百メートル四方もある工場は、墓場のような廃墟と化すのだ。

真夜中、小さな懐中電灯の光を頼りに工場の中を巡回していると、ガタッと機械のきしむ音が私を驚かせた。思わず足がすくみ、背筋に冷たいものが走る。いくら武道のたしなみがあるとはいえ、生身の人間である。恐怖感から逃れることなどできない。

戦時中の、女子工員の幽霊。

K省時代、出張所で見た幽霊。

そんなことまでが脳裏をかすめ、一層恐怖感がつのる。

やがて生まれてくるであろう、我が子のことを思い、われと我が身を励ましながら歩き続けた。

ごろつき

どこにでも不逞の輩が一人や二人はいるものだが、この山奥の村にも一人、鼻つまみ野郎がいた。時々、守衛所にやって来て、大きな声で、

「工場長を出せ」

などと喚く。

足をふらつかせ、酒の臭いがぷんと鼻をつく。人を傷つけ、何度も臭い飯を食ってきたという札付きで、一人の工員の給料をだまし取り、食い物にしているという。

いざという時は、身体を張ってでも守衛所を守らねばならない。私は腹をくっていた。度胸を据えると相手が馬鹿に見えてくる。気迫というものは伝わるもので、私に対しては一度も強硬な態度を見せたことがなかった。

タクシードライバー

夜勤を終えた私は休む間もなく、第二の職場に向かって自動車で突っ走る。途中の空き地に車を停め、制服を着替えると、何食わぬ顔をしてタクシードライバーに変身する。朝食などとっている暇などなく、車の中でパンと牛乳で済ませていた。タクシーを運転していると、いろいろと勉強になることが多く、ストレスの解消にもなる。

ある雨の降る朝、赤ん坊を抱いた若い奥さんが、手をあげ、

「市民病院へ」

と告げた。

途中、

「赤ちゃんは何カ月になられますか」

とお世辞のつもりで聞いてみた。

「これでも三歳なんです。生まれて間もなく成長が止まり、赤ん坊のままなんです

よ。お医者様も匙を投げています」

悪いことを聞いたと私は悔やんだ。

「この子と一生、苦労をともにするつもりです」

健気な言葉が微笑みとともに続いた。

世の中には、信じられないような苦悩を抱えて生きている人もいる。俺などは、まだまだだと考えさせられた。

私は、この親子に幸あらんことを祈りながら、後ろ姿を見送った。


乗客の中で最もマナーの悪いのが、中年の金持ち面した男と女のカップルである。恥も外聞もなく車内でいちゃつく社長タイプの男。そして料金の端数を値切る、着飾った有閑マダム風の女。数え上げたら切りがない。

お前ら、それでも人間か、豚どもめ、と思わず怒鳴りたくなる。しかしそれはほんの一部で、中には、「釣りはいいですよ」と気前よく一万円札をくれる女の人もいる。さまざまな人間模様が狭い車内で繰り広げられ、飽くことがない。

しかし、油断していると手痛い目に遭うこともある。

年のせいか、少々バテ気味で街中を流していると、道路の反対側で二人の女性が手をあげているのが見えた。

客だ。チラと後方を見てハンドルを切った。ドンという鈍い音がして、何かが後ろからぶつかってきた。

見ると、単車と若者が路上に倒れているではないか。

「しまった」

そう思ったが、もう遅い。急いで倒れている若者を助け起こし、歩道に引っ張り上げた。片足を引きずっているが、大した怪我ではなさそうだ。

付近の住民が通報したとみえ、すぐにパトカーがやってきた。しかし、この若者は警官の取り調べに対し、「これは事故ではない」と頑強に言い張り、自分の主張を曲げようとしなかった。この若者は大学生で、親に無断で単車を乗り回していたらしく、父母に知られたくないというのが本音だったらしい。

パトカーの警官も事情聴取を諦めて帰っていった。

私の方が百パーセント悪いのに無罪放免となった、幸運とも言うべき事故であった。もちろん会社の幹部からは大目玉をもらったものの、何のお咎めもなく、この一件は終了した。収益を上げようと焦ったために後方確認をおろそかにしたのが、この事故の原因であった。本来ならば大罰金を食らった上に免許停止になるところである。人生の危うい節目には必ず下りてくる蜘蛛の糸も、これでは愛想をつかすだろう。

私は己の心の未熟さを恥じ、大いに反省をしたのである。

以来、車に乗る前には必ずフロントガラスをタオルで拭き清めながら、

「今日一日、絶対安全運転に徹します」

と己の心に念じた。

一心とは怖いもので、それからというもの、事故は一度も起こしたことがない。

子供の誕生

そんな私の元に待望の朗報が届いたのは、そろそろ秋も終わる頃であった。

「男の子が生まれた」

ジョイの喜びに弾む声だった。喜びを胸に私が南の空に向かって飛び立ったのは言

うまでもない。

M空港に着いた私は、機内で記入する入国調査票を書き忘れ、税関係官から「NO」と入国を拒否されてしまった。そのくらい、舞い上がっていたのだ。この急場は、親切な若い女性の協力によって無事しのぐことができたが、危ういところであった。

叔父の一家は、以前の小さな家から一戸建ての立派な家に移り住んでいた。事業が順調に伸びていると見える。

広いサロンの中央にソファがあり、子守りの女に抱かれた赤ん坊が見えた。

「トシヒロよ」

とジョイが言った。

なぜトシヒロなのか、よく分からなかったが、初めて見る我が子に戸惑いながら、ただじっと見つめるのみであった。

誰に似たのか、髪は黒く、目鼻の整った顔をしている。なぜか我が子という実感が湧いてこないのがもどかしい。

こんなときに限って、滞在期間はわずか三日間だけという無情なものだった。赤ん坊とともにいる時間はあっという間に過ぎ去り、心を残しながら飛行機に乗らねばならなかった。

空港まで一家総出で見送りに来てくれた。

「赤ん坊にキスを」のジョイの言葉に、ぎこちない所作で花びらのような赤ん坊の小さな口にキスをしてやった。


私が帰国して夢のような一カ月が過ぎようとしていたとき、突然、奇妙な電話がかかってきた。

「今、呉に来ている。私たちのプロモーションは騙されて人手に渡った」

と言うなり、プツンと切れたのである。

ジョイからの電話だった。

私は懸命に彼女や叔父一家と連絡をとろうと走り回ったが、全く糸口が見つからず、その内容の一端さえ知ることができなかった。雲を掴むような奇怪な話である。

私は、ジョイと叔父一家による意図された欺瞞工作ではないかと疑った。すでに一本立ちしている会社は、もう私の援助は必要なくなっていて、残っているのは私と交した利益折半という約束だけである。彼らはそれを破棄するために狂言をデッチ上げたのかと、私の不信は募るばかりだった。

では、あの赤ん坊も、嘘の片棒を担がされたのだろうか。自分の思い過ごしなのか、それとも推測が当たっているのか、私は迷いに迷った。

そして真相を明らかにするために、南に向かって飛ぼうと覚悟を決めた。

そのときである。

「焦ってはならぬ。軽挙妄動は身を滅ぼすことになる。ここはじっくり考えるべきではないか」

蠍もどきの声だった。何しろ拳銃やショットガンがそこら中に転がっている物騒な国なのだ。その上、日本人商社マンがこの国で誘拐され身代金が奪われるという事件が起きたばかりであった。街中に溢れているストリート・チルドレン。月給一万円に満たない人たち。危険がいっぱいの街なのだ。そんなところに一人で乗り込んだところで、らちが明かないのは目に見えている。

私は自重し、時期を待つことにした。

失職

人生とは運、不運が代わりばんこにやってくるものらしい。

南の国のことで思い悩む私に追い討ちをかけるように、タクシードライバーをクビになってしまった。タクシーを運転しているところを警備会社の幹部に見つかり、不届き千万とばかりクビにされたのである。

同時に二つの職を失った私は、うち続く不運な出来事に己の不遇を嘆くばかりだった。

そのとき、

「お前はもう十分働いた。ここらで少し休養をしなさい」

蠍もどきの声だった。

少々草臥《くたび》れかけていた私にとって、これは救いの神以外の何者でもなかった。

パリ旅行

何もかも失った私は、妻を伴って気楽な旅に出ることにした。
一度、離婚し別居していた元妻と偶然、街で出逢い、よりが戻っていたのである。四十年も苦労をともにしてきた夫婦の絆は、簡単には切れないものらしい。

「パリに行こう」

私が言うと、妻は目をパチクリさせた。

なぜパリなのかというと、パリは若い頃からの私の憧れの都だったのである。「ノートルダムのせむし男」というフランス映画を見て、パリという街は神秘的な魅力を秘めた美しい街だという印象を抱き続けていたのだ。そして、いつの日か行ってみたいと思っていた夢でもあった。

妻は旅行の支度におおわらわで、大きな旅行鞄や服などを買い調えている。今まで二人揃って日本から外に出たことなどないのだから、舞い上がるのも無理はない。

そして、いよいよパリに向け出発する日がやってきた。

朝からいやな雨がしとしと降り続き、旅立つ者にとっては妙な不安感を覚えさせられた。

広島空港から羽田空港、それから成田空港の近くで一泊、そしてパリというスケジュールになっていた。

二人を乗せたジェット機がゆっくり動き出し、やがて轟音とともに一気に雲の上へと駆け上がっていく。飛行機が初めてという妻は、恐怖で顔がこわばっていた。

羽田に着き、バスで成田のホテルに向かったが、随分と立派なホテルだった。光り輝く高い天井、広大な玄関ロビー。まるで竜宮城のようである。そのあまりの豪華さに、私たちは圧倒されてしまっていた。何しろ一人十万円という格安のツアーだから、よもやこんな立派なところに泊まれるとは思ってもいなかったのだ。新築して間もないのであろう、美しく装った客間が田舎っぺ夫婦を迎えてくれた。

その二人が赤っ恥をかいたのが、朝食のときだった。

部屋のスリッパを履いて玄関ロビーを歩いていると、

「お客様、ロビーでは靴をお召しになってください」

と事務員から注意されたのである。高級ホテルは窮屈なものだ。何やら先が思いやられる旅立ちの朝だった。

成田空港で、二人の乗る巨大なジャンボ機が待っていた。パリまで約十三時間かかるという。轟音とともに空に舞い上がったジャンボ機は初めの頃は快適だったが、次第に窮屈になってきた。前面に映される映画もイヤフォンから流れる音楽も、同じものばかりですぐに飽きてしまった。それよりも座席の狭さに苦しめられた。まるで被告席に無理に座らされているような感覚なのだ。

「ロシアの上空一万メートルです」

というアナウンスで窓から下を見下ろすと、何の変哲もない赤茶色の砂漠が延々と続いている。いつだったか、韓国のジャンボ旅客機が旧ソ連の戦闘機に撃墜された事件を思い出した。それがちょうどこの辺りかと思うと、薄気味の悪い思いが忍び寄る。何が起きるか分からない空の上である。

そんな思いにふけっていると、ジャンボ機が少し揺れ始めた。外は雨でも降っているのか真っ暗闇である。揺れは次第に大きくなり、乱気流にでも巻き込まれたのか、今にも落ちるのではないかと思われるほど、前後左右に大きく揺れる。生きた心地がしない。私は何度も南の空を往復したが、こんなに激しく揺れたことは一度もない。自分は今、一万メートルの空の上に浮かんでいる。自分が乗っている飛行機が今にも落ちそうに揺れている。この現実が恐怖感をいやが上にも、かき立てる。妻の顔もひきつっている。空の旅は快適だと思っていたイメージはもろくも崩れ落ち、不快な旅にすり替わってしまっていた。

やっとの思いでシャルル・ド・ゴール空港に降り立ち、ほっと胸をなで下ろしたのも束の間、次の難関が夫婦を待ち受けていた。

「手荷物を決して身体から離さないで、しっかり持っていてください」

案内人の厳しい注意が素早く飛んだ。見ると空港のあちこちの隅に怪しげな若者たちがたむろしていて、旅行者の方を胡散臭そうに見ているのだ。

これがパリかと私は悲しくなった。

そして着いたホテルがさらに私をがっかりさせた。

成田で一泊した豪華なホテルのイメージが残っていただけに、このホテルの汚さは想像以上だった。格安のツアーだから仕方がないと言えばそれまでだが、差がひど過ぎる。今にもゴキブリがはい出そうな部屋、妻も入りたがらないバス。よくもまあ、こんな宿を選んだものだと感心した。

我慢の一夜が明け、地下で朝食をとった。もちろん日本食などなく、パンと牛乳だけというお粗末さだ。丸々と肥えた黒人のウエイトレスが尻でドアを開け、パンなどを運んでくる。そのユーモラスな様子が、ちょっぴり私たちの心を和ませてくれていた。

ノートルダム寺院

・フランス一日目

この日は、日本女性ガイドの案内で、ノートルダム寺院とエッフェル塔の観光である。

ノートルダム寺院は、私が想像していたよりもはるかに壮大で荘厳であった。千年も昔、人の力だけで積み上げたという石造りの寺院は、とても人力だけで造られたと思えぬ見事な出来栄えである。はるか高い天井のステンドグラスから洩れてくる美しい色彩が、薄暗い寺院内の持物を浮き上がらせる。「せむし男」が今にも現れそうな雰囲気だ。

これがパリだと初めて実感した。パリは私の期待を裏切らなかった。

エッフェル塔は修理中とかで登れず、それを背景に記念写真を撮るに留めた。何百年も前に建造された世界最古の鉄橋の傍にあるレストランで昼食をとった。四、五人のウエイターが皆、若くてハンサムなのに驚かされる。洒落た音楽がさらに雰囲気を盛り上げ、流石にパリだなと思わせるものがあった。

・二日目は自由行動

私たちは日本食を食べに行くことにした。パンと牛乳だけでは腹の足しにならないからだ。

オペラ座の近くに日本食の店があると聞き、通りかかったタクシーに乗り、

「オペラ座」

と言うと、

「ウイ」

と笑顔で応え、すっとオペラ座の前に横づけしてくれた。いかにも人の良さそうな

老運転手だった。

何軒かの日本食の店が、オペラ座のすぐ横の小路に並んでいる。そこでビールとカツ丼を食べ、やっと人心地がついた思いだった。

帰りは地下鉄に乗ることにした。地下鉄の終点がホテルの近くだからだ。地下鉄を降り、多くの人の後について階段を上っていったが、これがそもそもの間違いの元だった。その階段は駐車場へ行く人のためのもので、出口ではなかったのである。出口を探してうろうろしているうちに、だだっ広い格納庫のようなところに迷い込んでしまった。

引き返そうと振り向いたところ、格納庫の向こうの端の方から七、八人の若者が横一列になって、ゆっくり歩いてくるのが見えた。どう見ても暴走族かチンピラである。この場所に時折、迷い込んでくる間抜けな旅行者を狙い、金品を強奪せんと企む悪どもと見て間違いない。長年の私の勘だった。他に人影はなく、後は壁でまさに袋のネズミである。

万事休すと思ったそのとき、

「後ろの隅を見よ」

蠍もどきの声がした。

見ると、人一人やっとくぐれるような階段の入口が壁の隅に見えた。ままよとばかり妻の手を取り、その階段を駆け下りた。しかし誰かが意地悪をしているかのように、階段の出口には鉄の扉が閉まっていたのである。

破れかぶれで扉のノブを力一杯回すと、思いがけず扉はさっと開き、青空のまぶしい光が目に入った。助かったのだ。人生の節目ごとに必ず手を差し伸べてくれる、天からぶら下がってきた銀色の蜘蛛の糸だと思った。それは自分だけが信じている、人智の及ばぬ不思議な力で私を守ってくれるのである。

軽挙妄動は身を滅ぼす元になる。得がたい教訓であった。

教訓と言えばもう一つ、フランス料理だ。

二人で夕食をとホテルの近くのレストランに入り、闇雲にメニューの一つを注文したところ、これがとんでもない料理で、口に合うどころか、二人とも吐き出したのである。

地下鉄といい、レストランといい、踏んだり蹴ったりの一日だった。

・**最終日**

パリ最終の日はベルサイユ宮殿を見学し、そして帰国の途につくことになっていた。

白い雪が降り続き、夜明けのパリは凍えるように寒かった。

しかし、このベルサイユ宮殿は旅行の最後を飾るに相応しい素晴らしいものになった。何百年の歴史を刻む壮大なこの宮殿を一目見た私は、興奮を隠し切れなかった。特に私の心を捕えたのは、マリー・アントワネットの寝室であった。マリー・アントワネットが寝たベッドや使った家具がそのままの姿で置かれているのを見ていると、今にも王妃がそこにいるような錯覚にとらわれた。

人民の反乱によってギロチンにかけられることになったマリー・アントワネットは、処刑直前、

「ちょっと待ってください。化粧を直しますから」

と言ったという。

王妃としての気品、死を目前にしても泰然自若とした心構え、まさに日本武士道そのものである。私の足はその場に釘づけとなり、しばらくは動くことさえできなかっ

た。

旅行の最後に、パリは本物の姿を私に見せてくれたのである。

さまざまなトラブルはあったものの、パリは私の夢を壊すことなく美しいパリを心の奥深く残してくれた。

再就職

元々、家で何もせず、ごろごろしているのは性に合わない私だから、パリから帰るとすぐ職探しを始めた。

古希に近い年齢だから駄目だろうと諦めかけていたところ、何が幸いしたのか、偶然ある私立の大病院に拾われた。デイケアで来院する老人たちをワゴン車で送迎する仕事だが、給料は安い。

しかし、入ってみると運転だけでなく、さまざまな雑用が私に押しつけられた。私を雇ったのもその狙いがあったのだ。

「二階のトイレが詰まって水浸しになっているから、至急直してください」

と看護婦が走ってくる。

老人が誤って紙おむつを便器の中に落としたのだ。私が腕まくりして便器の奥に手を突っ込み紙おむつを引っ張り出すと、手は糞まみれになったが、水がすーと引き始めた。海軍時代に叩き込まれたチャレンジ魂はまだ生きていて、これくらいのことは屁でもない。

その他、院長の家族の引っ越しの手伝い、消耗品などの購入、病院の寮の器具の修理、あらゆる雑用が私に押しつけられた。その上、今度新しく買い入れた焼却炉の管理までやれと言ってきた。この病院は二十億円で建築したばかりだったせいか、資金繰りのために極端な経費節減を計り、そのしわ寄せが私にまで及んだのである。

そして私は新しい焼却炉に取り組むことになったが、この焼却炉はコンピュータ制御であり、マニュアル通りにやらないとすぐに故障してしまう厄介な代物で、忙しい私の手には負えなかった。やむを得ず、マニュアルを無視して汚物などを無制限に放り込み、他の仕事との適合を計った。

案の定、焼却炉はすぐに故障してしまった。デリケート過ぎるのだ。

さっそく焼却炉販売会社の社長がやってきたが、何とも品格のない顔をしている。

「マニュアル通りにやらないから、こうなったんだ。どうしてくれる」

頭ごなしに私を怒鳴りつけた。

高額な機械だから怒るのも無理はないが、例のごとく私を舐めてかかったのが気に食わなかった。

「何を言うか。私の仕事柄、マニュアル通りにやれるはずがない。それでも文句があるんなら院長に言え」

とやり返し、睨みつけてやった。

この社長は大きな男で、私はその肩くらいまでしかないが、一戦も辞さぬ気迫に怖気づいたのか、尻尾を巻いて退散してしまった。固唾を飲んでこのやりとりを見ていた看護婦たちもほっとした顔をしていた。溜飲の下がる思いだった。

残っていた准看のK子が、

「あんた、なかなかやるじゃん」

と笑顔で話しかけてきた。

「やあ、恥ずかしいとこを見られちゃったな」

と私は照れた。

それ以来、K子は私の控え室にやってきては何かと世話を焼くようになった。

ある日のこと、私が屋上で一休みしていると、いつの間にか姿を現したK子が私の手をとり爪を切り始めたのである。

そして含羞《はじら》いながら小さな声で、

「愛しているんよ」

と囁いたのだ。

孫のような若い娘の愛の告白に戸惑いながら、

「わしもK子が好きだよ」

と返したが、自分にもまだそれらしい魅力があったのかと嬉しくなった。

このとき、「これ以上、人を傷つけてはならぬぞ」と叱責の声が私の耳に聞こえた。蟖もどきだった。

昔と同じ過ちを繰り返すところであった。さすが「蟖もどき」先生である。

辞表

私が毎日老人を搬送しているワゴン車は、病院の経費削減のあおりを食って、古色蒼然たるポンコツ車のままである。二枚の板を地面に渡し、運転手がよいしょとばかり車椅子の老人を押し上げ、車内に固定する前時代的なやり方だ。車椅子の車輪が板を踏み外し、老人が転がり落ちるおそれが多分にあった。

ある雨の降る朝、老人の車椅子をワゴン車に押し上げようとしたとき、雨で車輪が滑り転げ落ちそうになった。必死でこれを支えようと足を踏ん張った途端、ギクと音がして足首に激痛が走った。

老人は無事だったが、私は足首を捻挫してしまった。

黙っていれば、かさにかかって次々と仕事を押しつけてくる病院のやり口に、ついに堪忍袋の緒が切れた。そして黙って辞表を叩きつけたのである。

なぜか看護婦たちが餞別を集めて手渡してくれた。このとき私の心の憂さが消え、晴れ晴れとした気分になれたのが唯一の慰めだった。

再々就職

それから数日後、早くも私は警備員の制服を着て、市内公立病院の玄関先に立っていた。よほど私は病院に縁があるとみえ、七十歳近いというのに、またも別の病院に拾われたのである。駐車場と駐輪場の管理の仕事だった。

この病院は市内でも有名な大病院で、毎日多くの患者や見舞い客でごった返している。一日中さまざまな人間との出会いがあり、退屈しない。

「わりゃ、人の自転車を勝手にいろうなや」(いじるな)

と怒鳴る訳の分からない奴。

違法駐車を咎めると、

「いらぬお世話じゃ」

とふんぞり返る暴力団のチンピラ。

近頃、よく取り沙汰されている、社会全体のモラルの低さを身近に見られるのがおもしろい。

ある日、若い夫婦が赤ん坊を抱き病院に入ってくるのを見た。よく見るとその赤ん坊は普通の三倍ほどの頭をした児だった。重症の水頭症ではなかろうか。何としてでもこの子を救ってやろうとする、夫婦の必死の思いが伝わってくる。

と思えば、病院の屋上から身を投げ、自ら命を絶つ若い娘の悲しい姿も見た。命の重さ、軽さを大いに考えさせられる現場だった。

中には自ら、

「わしゃ、精神分裂病じゃけんの。仕事がないんよ」

と笑顔で話しかけてくる若い男もいた。一見、普通の人と変わらないが、少しだけ歯車がずれているのであろうか、死んだ息子のことが思い浮かび、哀れでならなかった。

「早う元気になりんさいよ」

と言葉をかけ、肩を叩いてやるのみであった。

世の中には、さまざまな苦悩を抱えながら懸命に生きている人も多くいる。一人息子を死なせ、さんざん苦渋を舐めてきた俺ほど不幸な者はいないなどと、己を責めていた自分が情けなく思われた。

このとき、

「お前は何を考えているのか。世の中のために何かやるべきことがあるのではないのか」

と蠍もどきが言った。

そして私が考えついたのが、ボランティア活動であった。ボランティアとは、無報酬で人のために自分から進んで何かをするものらしい。これは己の性格にも適しているように思えた。

ボランティア

広島の三大祭りの一つに、えびす講というのがある。

この夏、そのえびす講祭りで大騒動が起き、暴走族集団と警察機動隊が衝突、収拾のつかぬ大暴動となり、全国にその悪名を轟かせた。毎日のように夜遅く、爆音を立て走り回る暴走族の傍若無人振りは、腹に据えかねるものがあった。日本の将来を担うべき若者たちが、このような有様では心もとない。私は真剣に考えた。若者たちの心の荒れの原因は一体何か。

学歴偏重の社会、知識だけを詰め込む教育、アイデンティティを育てる場がない。人の迷惑を考えず、自分だけがよければという風潮がみなぎっている。そう考えた。

教育関係者の間でも、学校で奉仕活動を義務づけようとする気配がある。いわゆるボランティア精神を育てようというのだ。

私もボランティアに取り組もうと考えていたところだから、先見の明と言える。県も暴走族対策に力を入れ始め、暴走族相談員を民間から募集していた。絶好のチャンスとばかり私は即座に応募した。

しかし、みごと落第。学歴、経歴、人格などによって篩《ふるい》にかけられたのであろう。無念だった。

しかし、ここで引き下がるわけにはいかない。私は一念発起、人格を磨くための勉強を始めた。まず、生涯学習（ボランティア）インストラクターの資格を取った。次いで中央大学法学部に入学した。もちろん通信教育部だ。

この大学入学について、ちょっとしたエピソードがある。

大学に入るためには高校の卒業証明書と成績証明書がいる。その証明書を出身高校に依頼したときのことである。

何度もその高校に足を運んだが、なかなか作ってくれない。何度目かに聞いてみたが、若い男性職員が、

「まだできていません」

と素っ気ない返事をする。

「いつ頃できるの」

「分かりません」

全く誠意が感じられない。ついに堪忍袋の緒が切れた。

「期限が迫っているから急いでいるのだ。もう頼まん。手数料を返せ」

と怒鳴りつけてやった。

驚いた傍の女性職員が、

「ちょっと待っててください」

と慌てて事務室から飛び出していった。
二、三十分もすると一連の書類を調えて帰ってきた。やればできる簡単な仕事なのだ。何をかいわんやである。

この高校には、昔からあまりよい印象がない。通信制のせいか何かが欠けている。一度難解な数学の問題を直接、聞きにいったことがある。すると白髪の老教師が、

「このくらいの問題ができないでどうするんか」

と教科書を投げ返したのである。私はこの教師が一遍で嫌いになった。それ以来、問題を理解することは止め、卑劣な手段を使って単位を取ることだけに集中した。この老教師は私に、最低のモラルだけを教えてくれたのである。

広島女子大学の学長がこんなことを言っていた。

「教養と人間性はともに知識に裏打ちされて人格化してゆくものでなければなりません。人間の常識や良識、見識やマナー、判断、決断となって現れてきます。学ぶことによって自己実現への理想となってゆくのです」

教師にもいろいろあるものだ。人を生かすも殺すも教師次第、そう言っても過言ではないだろう。

私は一人でボランティアに取り組んだ。県警などが使ってくれないから一人でやることにしたのだ。

ボランティアの基本精神は、無報酬性、公共性、先駆性、自発性の四つに集約される。団体に加入しなくても、単独でも十分やれるとの自信があった。

最初に取り組んだのは、ある病院の院長に頼み込んでの老人夫婦を送迎する仕事。次は、市社会福祉センターの依頼を受け、一人の老人の初等学習の指導。三つ目は、知人の依頼で居合道の指導。そして自治会の副会長。いずれも短時間のボランティアだから、あまり負担にはならない。それどころか、己もともに勉強できるのだから、これ以上のものはない。私は鼻をひくつかせて満足していた。

そのとき、螻もどきの声が聞こえた。

「お前は来年、喜寿を迎える。いい年だ。うきうきして何とする。もっと人の立場になって考え対処すべきである。己を戒め、自他ともに向上することを忘れるな」

私は反省した。人のために何かをしていれば、いつの日にか我が身に返ってくると心の底で考えていたのだ。いじましい。そんな心構えでは本物のボランティアはできっこない。

灸をすえられた思いだった。

大学一年生

通信制の大学での勉強が始まった。

大学から、法学、文学、英語、歴史、刑法、民法、心理学などの分厚い教科書が送られてきた。私はその中で一番やさしそうな文学から始めることにした。文学の発生と展開から始まって、イギリス文学、ドイツ文学など、気の遠くなるようなカリキュラムが続く。

私は高校のときの例をとり、レポートの提出を優先することにした。文学のレポートの最初の問題は、シャーロット・ブロンテの『ジェーン・エア』という小説を読み、その感想を五、六枚の原稿用紙に書けというものであった。

レポートを提出すると採点されて戻ってくる。ＡＢＣＤのランクに分けられ、Ｄだと再提出となる。したがって、小説を読むのも真剣に力が入る。目的があって読むのと、ただ読むのでは、えらく違いがあるのが分かった。小説から伝わってくる中身の濃さが違うのだ。

初めて読むこの小説の素晴らしさに圧倒され、レポートのことなどしばし忘れるほどであった。そしてこの小説の感想をまとめて提出した。レポートは幸いにもBであった。

姉の病気

学問に熱中している私の元に、姉から奇妙な電話がかかってきた。

「信、ちょっと来て」

語尾が薄れていき、全く聞こえなくなった。

姉に何か異変が起きている。そう直感した私は姉のマンションに妻とともに大急ぎで走って向かった。

着くと、寝室のベッドの上に姉がうつ伏せに倒れていて、「姉さん」と呼んだが反応がない。慌てて一一九番、救急病院に搬送した。

「脳梗塞です。予断を許しません。この二、三日が山です」

医師の冷たい言葉が私を驚かせた。姉は前日まで元気で働いていたのだ。二カ月ほど前、姉は新しいマンションに引っ越し、その手伝いをした私たち夫婦を竹原の温泉に招待してくれたばかりである。しかし、よく考えてみると、常に「めまいがする」とか「手足がしびれる」などとこぼしていた。

脳梗塞の前兆だったのだ。

かかりつけの医師も精密検査を受けるよう忠告していたらしいが、仕事本位の姉はそれを無視して頑張っていたのである。

入院して三日後、ようやく峠を越し、姉は命を取りとめたが、脳の一部をやられ、大小便のコントロールを失い、口が利けず手足も不自由になってしまった。

その上、大便を手で掴み、あちこち練り回し、食物を見ると食いちらす虚仮《こけ》になり、赤ん坊に戻ってしまったのだ。

姉は若い頃、身を犠牲にしてまで一家の危機を救い、母と兄の病気の面倒を見、その最期まで見届けてきた。一度、結婚したものの、その夫とも早く死に別れ、苦労ばかりの半生であった。その後、一人ぼっちで働き続け、ある程度の金も残し、いざこれからというとき、襲いかかってきた災厄だった。

祖母の家といい、我が一族の上にかぶさる呪いを思わずにいられなかった。

姉は私のたった一人の親族である。看護婦の命じるままに、買い物に洗濯にと走り回った。弟として当然の義務である。

その買い物の帰り、古道具屋の店先に黒く汚れた一体の観音様が置かれているのが目に留まり、

「これはいくら」

と店の親父に聞いてみた。

「三千円」

「高い」

「じゃ、二千円」

「こんなに汚いのに」

とうとう千五百円に値切った。

家に帰り、洗剤でごしごし洗い清めると、真っ白い観音様に蘇った。毎朝、水を供え拝むことにした。救いを求めるのではなく、己の信念を観音様にぶっつけ、跳ね返ってきたのを受け止め、心の糧にするつもりである。

私は昔から妙に観音様に縁がある。

幼い頃、貧乏長屋におむすびを恵んでくれた観音様のようなお妾さんの白い手。

息子の病を癒すために登った裏山の観音様。

観音様は、私の心の中にある「蠍もどき」と同じ守護霊なのかもしれない。

病院の都合によるのか、六カ月目になると姉は他の病院に移されることになった。

病状はかなり良くなったが、おしめと車椅子だけは離せない。

同室の老人たちが涙ながらに見送ってくれた。この先、明るい光など見えるはずもない同じ運命の人に対する悲しい涙のように見えた。

移ってきた新しい病院は以前の病院とは打って変わって、素敵な病院であった。広い病室、真っ白い壁、きれいなベッド。ベッドにはそれぞれテレビがついている。姉は満足の笑みを浮かべていた。身体は不自由のままだったが、頭の方は昔に戻りつつあった。


正月が近づき、師走の忙しさを感じていたとき、姉が家に帰りたいと言い出した。単調な病室暮らしに飽き、家で留守をしている猫にも会いたかったのであろう。

しかし、私はこれを拒否した。入院中に一度、姉の頼みでマンションに連れて帰ったことがある。そのときの苦労を思い出したのだ。人一倍重い姉のおしめを取り替えたとき、要領が分からず、汗まみれになりながら、三十分余りも苦闘したのである。下手をすれば大怪我を負わせるところであった。その上、何年も飼われていた猫も主人を忘れ、抱かれるとフーッと唸りながら爪を立て逃げていく恩知らずだった。

それを思うと、とても連れて帰る気にはなれなかったのである。

犬は三日も飼うと恩を忘れぬと言うが、猫はその点薄情なものだ。

妻が毎日このマンションに来て猫の世話をしていたが、顔が腫れ、おかしくなってきた。猫の病気がうつったのであろう。二十四時間、マンションに一匹でいれば、猫といえども病気になるのは当然だ。毛が抜け、人を見れば噛みつくようになっていたのが、その証拠だった。それでは俺がと、妻と交代したが、やはり妻と同じように顔が腫れ、おかしくなった。

医師の助言もあり、猫を保健所に連れていくことにしたが、途中、袋の中でミャーミャーと悲しげな声で鳴いていたのが哀れだった。

保健所の職員に、

「猫をもらってくれる人はいないでしょうか」

と訊ねてみたが、

「ほとんどありません」

とつれない返事。

これで猫の運命は決まってしまった。

このことは、姉には伏せておいた。

借家裁判

姉は右足に関節炎という持病があり、車椅子が離せない。その上、おしめもだ。それでも頭だけはほぼ元通りになり、しゃんとしているから、始末が悪い。

「信ちゃん、今、人に貸している私の家を明け渡してもらってくれないか」

と言う。私はすぐにその家に行ってみた。

何でも十数年も家賃を滞納しているらしい。なぜ今まで放っていたのか分からなかったが、その借家人に会ってみて、謎が解けた。その男は六十歳くらいで陰険な面構えをしており、言を左右にして明け渡しに応じる気配が全くなく、近所の評判も芳しくない。

これでは話し合いで解決するのは容易ではないと見た私は、裁判に持ち込むことにした。姉も、「裁判にするなら弁護士を雇っても良い」と強気だった。しかし私は弁護士に依頼することはやめて、自分が代理人として裁判に取り組むことにしたのである。費用のこともあるが、「法学を学んでいる」という自負があったからだ。

さっそく、無料法律相談所に行き、借家明け渡しについて弁護士に相談してみた。借家明け渡しというのは相当面倒で、弁護士費用も約八十万円を要し、期間も通常一年ぐらいかかると言うのである。弁護士は、

「たとえ裁判に勝っても、相手に金がなければ、引っ越しの手配から引っ越し費用まですべてこっちが負担しなければならないというデメリットも考えておく必要があります」

と親切に教えてくれた。

姉の家は五十年も前に建てた古家で、土地は市からの借地、どうひいき目に見ても五十万もしないシロモノである。果たして裁判にまで持ち込む価値があるのかと疑っ

たが、姉はあくまで強気で、頑なに引こうとしなかった。姉は、月十万のマンションを借りていて猫が一匹住んでいるだけだから、これを空けて自分の古家に引っ越し、月十万のマンションの無駄を省こうと考えたのだ。

私は簡易裁判所に行き、家屋引き渡し裁判の手続きについて教えを請うたところ、係官が懇切丁寧に、その手順を教えてくれた。

まず最初に、相手方に内容証明郵便を発送する。その要求に応じない場合、次に挙げる書類を整え裁判所に提出する。

一　訴状
一　家屋賃貸契約書の写
一　固定資産台帳の写
一　登記簿謄本の写
一　土地賃貸契約書の写
一　内容証明郵便の写
一　其の他

私は市役所、法務局などを走り回って、書類を整え裁判所へ提出した。しかし何しろ五十年前の話だから、家屋表示番号も変わっており、不合格となった。

そこで法務局に行って、表示番号の訂正を求めると、土地家屋調査士に頼めと言う。官公庁が勝手に変更をしたものを、料金を出して民間人が訂正するとは不合理な話である。

私は、市役所で表示番号変更の経緯となる書類のコピーを貰い、法務局で土地台帳の図面のコピーを請求し、それを番号変更の証明として再提出した。

それでもなんやかやとあったのだが、私の粘りが勝り、裁判が開かれることになった。その間、約一週間という短期間で済んだのは、裁判所書記官の親切な支援があったからである。弁護士費用が高額なのもよく理解できた。

いよいよ裁判の開かれる日が来た。

裁判官は、原告、被告双方に、司法委員二名とともに別室で和解協議を命じた。その結果、一カ月の立ち退き猶予期間を置き、家を明け渡すことに決定した。借り主が申し立てていた家の修繕費二百万は、未払い家賃と相殺し、明け渡し後、一切不服を申し立てないという条件付きで結審した。

「家屋明け渡し裁判はなかなか難しいもので、このように早期結審するのは珍しい。

法の中にも十分人間性が生かされているのです」

と司法委員が話してくれた。

法学の教科書の中にも書いてあったが、裁判というものの概念が少し分かったような気がした。

裁判が終わり、家の明け渡しが決定したことを姉に告げると、姉は満足気に頷き、「今度は引っ越しの方も頼む」と矢継ぎ早に注文を出してきた。病人というのは、なぜこうもごうつくばりで我がままなのかと、私はしばし姉の顔をあきれ顔で見つめたものだった。


一カ月後、私は姉の家の引っ越しを開始した。引っ越し専門業者に全てを任せ、私は監督をするだけだったが、それでも相当な気苦労をし、丸一日かかった引っ越しが終了したときは疲れがピークに達していた。

昔の人は、家を新築したり引っ越しをすると何か悪いことが起きると言ったが、確かに身体によくない。そう言えば、我が家でも家を新築して二カ月後に息子が死に、姉も新しいマンションに引っ越して二、三カ月後に倒れたのだ。迷信だけで片付けられない何かがあるのかもしれない。

少なくとも、人生に一度か二度しかない一大イベントに直面すると、精神的ダメージが大きいということは確かであろう。

第五章　そして、今

武道大会

先日、全国古武道大会が厳島神社で開催された。それを主催する先輩に頼まれ、手伝いをすることになった。各地から様々な武道団体が集まり、神社の正面にある祓い殿で、各流派による古武道の技が演じられた。

真剣勝負を思わせる鋭い柔術の技。精神力を集中し、相手を斬り倒す稲毛仁人先生の見事な居合いの剣さばき。鋭い気合いとともに必殺の長刀技を見せてくれた多羅尾梢先生。

いずれも、その目の輝きが素晴らしかった。立派な人たちが、こんなにもいる。世の中、まだまだ捨てたものではない。

そして嬉しかったのは、旧知の人たちとの出会いだった。

三十年も前、一緒に稽古した長刀の先生。それ以前に教えてもらった空手道の先生。懐かしい人たちばかりだ。宮島は、神話では女の神様と聞いていたが、粋なはからいをなさるものだ。

ただ、この会場で気になったのは、若い連中のマナーの低さだった。集合の声を聞いてもだらだらとした動作のまま。後片づけの手伝いを頼むために大声をかけたが、ほとんど動こうとしない気力のなさ。

「君たちは何のために武道をやっとるんか！」と、つい声を荒らげてしまった。

それでも中には、自ら祓い殿の床を雑巾で拭き清めている若者もいた。これが武道というものである。

いい年をしてと言われようが、私は生きている限り、少しでも人のために役立ちたいという心を失いたくないと思っている。いわゆる、一身を犠牲にしてでも国のために殉ずる特攻精神はまだ失っていない。今の時代、古いよと言われそうだが、今だからこそ、こうした精神が必要なのではないかと思っている。

文化は意識して守らねばならないようである。そしてそのためには、「武」や「剣」の精神が必要なのではなかろうか。文と武の両道は、何も日本だけのものではない。あらゆる文明が備えている原則なのである。

しかし、この文武の道を歩むためには、それぞれ確固とした人格が必要になってくる。

富岡鉄斎が言った「人格を磨かなけりゃ、描いた絵は三文の価値もない」という言葉。人格を磨いていない人間のすることは、何をやっても本物ではないということなのだ。

これは私の人生そのものを批判したような言葉である。

人格を磨くために大学に入ったりもしたが、人格を磨くとはそんな生易しいものではない。鉄は熱いうちに打てという。若い頃から勉学にいそしみ、たたき上げて初めて少しずつ人格が形成されるものなのだ。一人息子を死に追いやり、通常ならざる人生を送ってきた。何のために武道をやってきたのか分からない。すべて、人格の欠如に他ならない。鉄は冷めてから打っても、どうにもならないのだ。

大東亜戦争への参加、敗戦のどさくさ……私が勉学にいそしむ時間などなかったのも確かであるが、それに気づいたのが遅すぎたのも事実である。

残りの人生を如何に生きるか。

今まで歩いてきた曲がりくねった石ころ道の経験を生かし、精一杯、若者たちのために努力するのが、最良の道ではないかと思っている。

そう言えば、私が歩いてきた道では、平坦で安穏なものなど見たことがないような気もする。好んで茨の道を選んで歩いてきたようにも思える。それだけに、若者たちに伝える優れたものも少なくないと思っている。

「武」の精神

現在私は、広島の小さな道場で、仲間と一緒に古武道をやっている。若者たちに武の心を伝えたいからであるが、古武道は取っつきにくいのであろうか、なかなか集まってこない。来てもすぐにやめていく。老人と若者の心のギャップが大きすぎるようだ。剣道や柔道、空手のように派手さがないのも、若者の心にそぐわないのかもしれない。時代の違いだと言われればそれまでだが、一抹の寂しさが残る。

ここでは、私が若い頃からいそしんできた武道について、若者たちに少しでも目に触れてもらいたいと思い、書き記しておくことにする。

少林寺拳法については前に解説しているので、ここでは居合道について述べることにしよう。

私が修行してきた居合道は、主に、無雙直伝英信流という流派で、第二十一代宗家、福井虎雄先生に師事し、現在教士八段の段位を得ている。

まず、宗家訓を述べよう。


——当流の居合いを学ばんとする者は、古来より伝承せられ以て今日に及び当流の形に聊《いささか》も私見を加うることなく先師の遺された形を毫末も改変することなく正しく後人に伝えうるの強き信念を以て錬磨せられんことを切望する。

剣は心なり。

心正しからざれば、剣又正しからず。

剣を学ばんとする者は技の末を負はずその根元を糺《ただ》し、技により己が心を治め、以て心の円盛を期すべきである。
居合道は終生不退全霊傾注の心術たるを心せよ。——

要するに、技もさることながら、まず精神を磨きなさいということなのである。前にも述べたが、沢庵禅師の『不動智神妙録』や『大阿記』の剣法論と同様に、心こそがすべての根元であり、まず心を鍛えよと説いているのだ。さらに沢庵禅師は、心の修養には座禅が第一だと挙げている。居合道は、剣によって心を鍛えよと言っているが、基本は同一なのだ。

いかなる武道でも、まず心の修養鍛錬を第一に挙げているのは、心の修養がいかに難しいかということの裏返しであり、重要視する由縁でもある。

釈迦も、「すべては人の心によって良くもなり悪くもなる世の中だから、己の心をまず律せよ」と説かれた。戦争、殺人、泥棒、ひったくり、それらはすべて人の心から生ずる悪である。反面、人を救い、世のために生涯を捧げる人もいる。人の心とは様々で、不可思議なものである。

素晴らしい女性たち

先日、例の盲目詩人先生の家に行ったとき、
「今や人生百歳の時代になった。七十や八十は青春の真っ最中である」と言われ、今度、十五冊目の本を出版するという。誠に意気盛んなもので、驚くばかりである。

彼は七十歳、私は八十歳に手が届くところにいるが、私たちが舌を巻くような人を見つけたので、ここにその人を紹介することにしよう。斎藤史さんという女流歌人である。

斎藤史さんは七十代半ばを過ぎて新境地を拓き、一九八六年に「読売文学賞」、九四年に「斎藤茂吉短歌文学賞」「詩歌文学館賞」を受賞して脚光をあびた。

九十三歳で亡くなるまで、若々しい青春のような歌を詠み続けた歌人の生き様の素晴らしさを見せつけられた私は、彼女から見れば、まさに洟垂れ小僧である。

彼女のあの優れた才能は、いったいどこから湧いてきたのであろうか。十代から作歌を始めたとはいえ、九十三歳にもなれば、頭の細胞も衰えて記憶も薄れ、大方の老人は、よぼよぼになっているはずである。よほど飛び抜けた才能か、精神力を秘めていると私は見た。

芥川龍之介は、前述の通り作家であり俳人でもあったが、この斎藤史という歌人も、彼に劣らぬ才能の持ち主だと思われる。しかし彼女は、九十三歳という天寿を全うしている。年の差こそあれ、いずれも世の中に大きな功績を残していることに違いはない。

私たち洟垂れ小僧も、この人たちの何万分の一でよいから世に何かを残したいと願うのは、思い上がりだろうか。

「小さなボランティア」

「屁にもならぬような自分史」

ともかく、才能の無い者は無いなりに、懸命に自分の信ずる道を進む以外、道はない。

そこで一句。

芥川　せめて呑みたい爪のあか

世間の人はプッと笑うかもしれないが、奥の深い歌の道、辿り着くことはないであろう。しかし、ここで投げてはならないのである。いくら下手でも、そしていくら小さなボランティアでも、決して無駄ではないと思うのだ。小さなものでも少しずつ重なっていけば、何とか大きな力につながってゆくのではないかと考えるのは、愚かなことであろうか。老いの愚痴である。

継続は力なりと誰かが言った。

そして青春とはある年代のことを言うのではなく、年齢に関係なく、そのとき、若々しい心で前向きに生きてゆく人のことをいうのだと言った人もいた。

斎藤史という歌人は、まさにその典型であろう。老いてなお、若々しい清新な心で詩を詠むその心こそ青春なのである。女性は弱いように見えて、本当は芯が強いのだ。

そしてもう一人、そんな女性がいる。作家の宮尾登美子さんである。この人は、戦前戦後を通じて何度も生死の境をくぐり抜け、幾多の困難にも負けず、七十代になっても書くことに意欲を燃やしている女丈夫である。

『生ある限り〝今〟を懸命に』という宮尾登美子さんの手記がある。

子供を抱え中国に渡ってすぐ、暴民に襲われ、難民収容所で暮らした凄惨な生活。無事帰国してから結核になって、初めて死を怖れたこと。そして子供のために、九死に一生を得た難民生活のことを書き残しておこうと思ったことが、作家への道につながったこと。心臓発作で不安に襲われたこと。「愛なんてはかないものに身をゆだねることはできません」「書きたいものを全部書いて死にたい」と言い切る潔さ……。

彼女を取材した鵜飼哲夫記者は、次のように感想を書いている。

――「あまり老いや死について考えていなくて」。いきなりそう言われて驚いた。「のんきなので」というが、宮尾ファンなら、彼女が何度か死と隣り合わせの体験をしたことを知っている。

考えていないのではない。明日をも知れぬ人生を生き抜いてきた人だからこそ、今を生きることに懸命なのだろう。

宮尾さんには、生母、育ての母、その次の母、二人の義母の五人の母がいる。「年をとったせいか、母たちへの生々しい感情も薄れ、それぞれの生き方を認めることができるし、感謝もしています」。書くことにひたむきな生、深くやさしいまなざしが魅力的だ。――


この記者は、私が考えていることを代弁しているように思えた。私がなぜ、宮尾登美子氏のことを本書に記すかというと、私の人生の中に、宮尾氏との相似点が数多くあり、感動とともに親しみを覚えたからである。

例えば、

「おなかがすいて、考えることは、何かたべたいということだけ」

さらに、

「この世の地獄に生きていると、人間性もおかしくなります」

という言葉。

そして、

「ソ連兵の兵舎に連れて行かれた女性が、性病で苦しんだり、頭がおかしくなったのを見て、みじめでみじめで、生きていたくない。同年配の男の人が特攻隊などで死んでいましたから、死はおそろしくなかった」

といったくだり。

これらは、私が若い頃に経験したことと同様のことである。私も、歳から言えば、老いや死に対する覚悟が必要だと考えており、死はいつ来るか分からない。少しでも世のために何かをしておきたいという思いは同じなのである。


そして、もう一人忘れてはならない女性がいる。大平光代という人である。

この人も地獄のような浮き世の中で、自殺まで図ったことのある苦悩の人生を歩みながら、漢和辞典も引けない状態から、ある人の真心からの忠告に目覚めて各種資格を取得し、ついには最も困難とされる司法試験にまで合格。弁護士になった偉才である。それも、高校、大学をすべて通信教育で勉強したというのだから、その努力のほ

ど が知れる。

現在は、少年たちのために裁判所と矯正施設、学校を自転車で走り回っているという。

私は、こういう人が好きである。私も何とかと思うが、この人は三十四歳、私の孫のような元気さがあり、とても足元にも及ばない。

せめて真似事程度でもよいから、努力を続けていきたいと考えている昨今である。

おわりに

今、世界は大きく揺れている。

何事ぞ、地球をこわす核の華

下手な私の一句である。

アメリカの世界貿易センタービルと軍事司令塔（国防総省）がテロによって崩壊したのをきっかけに、イラクは戦火に包まれ、多くの罪のない人命が失われている。それは、比類ない経済力と圧倒的な軍事力を持つ米国の一方的な戦争への道であり、正義や人道とは全くかけ離れた傲慢としか思えない。そこに、人を思いやる心や平和といった意図が見えないのは、私だけであろうか。

米国の世界貿易センターやペンタゴンの軍事施設に次々に突っ込んでいく旅客機の姿をテレビで見たとき、私は昔、米国の軍艦に突入しようとした私の特攻姿を見た思いであった。

命を投げ出してまで、このテロを敢行した若者たちの意図は一体何であったのか、私は考えてみた。

石油利権のために起こしたイラクの攻撃を、「正義」という言葉でカムフラージュした湾岸戦争。

言論や集会の自由を認めない抑圧的なサウジアラビラなどのアラブ諸国政府を、米国が支援し続けている事実。

それらに関連した「イスラム過激派」のリーダーたちとイスラエルの血の抗争。

湾岸諸国が米国にとって重要なのは、「自由」「民主主義」を重視するためではなく、石油の利権が絡んでいるからだということを示しているように思える。

経済的にも、その他の面においても圧迫を受けていた弱小国の若者たちが、怨念を晴らすために命を張って立ち上がったテロだと私は見た。

すべての悪の根源は強大な国、アメリカだと思うのは私の偏見だろうか。

日本は、今度のイラク戦争に加担しようとしている。米国と同盟国とはいえ、今少し考えてみる必要があるように思う。

いつ、どこから爆弾が飛んできてもおかしくない状況にあるのが現実である。今、日本がやらねばならないのは自国の防衛ではないであろうか。ミサイルが飛んできても、それを途中で撃ち落とす兵器を全能をしぼって考案すべきなのだ。それだけの技術と能力を日本は持っていると思うのだが、思い過ごしかもしれない。

自国を守るということは決して間違ってはいないし憲法にも触れないだろう。

戦争とは過酷なものである。涙も情もない血の地獄なのである。釈迦やキリストの教えも全く通じない人類破滅への道なのだ。

今年もまた終戦記念日の夏を迎えた。そこで一句、浮かんだ。

蝉しぐれ特攻の戦友《とも》思い出す

それにしても今の日本は何としたことだろう。社会のあちこちで進む倫理観の欠如には目を覆うばかりだ。政官は言うに及ばず、よもやの企業や大学でも信じられないような不祥事や事件が相次いでいる。日本は壊れつつあるのかもしれない。今、終戦直後とはまるで違った形で、しかも同じく既存の価値観や道徳意識に頼れない「堕落」の時代に私たちは直面している。

東京都知事の石原慎太郎や長野県知事の田中康夫は、何も特異なことを言っているのではない。今、必要な日本の心の在り方を言っているに過ぎない。それを異とするならば、その人たちこそ異端者と言うべきだろう。

三十数年前、三島由紀夫が市ヶ谷の自衛隊の中で自決した。

その三島が書いた『文化防衛論』の中で次のように述べている。

「文化を守るためには『武』が必要である。守るとは常に剣の原理である。自分を守るにも、時には戦い、へたをすれば命を落とすことさえあろう。平和を守るためには常に暴力が必要である」と。

何かを守るということは常に能動的で戦いを必要とすることだ、と当然のことを言っているのである。

文化の確かな形とは、劇場やコンサートホール、娯楽設備やテーマパークといった文化的装置ではなく、日常生活に根を下ろした確かな文化、我々がその中で安心して自分の生をゆだねることのできる文化、子供たちの教育をゆだねることのできる文化、人生の終末や死の意味をゆだねることのできる文化――これらが本物の文化であろう。

お茶、お花ではなく、生と死に意味を与えるもの、喜怒哀楽を表出する形、ものごとの順序や価値の体系、道徳や規範のもととなるもの、こうしたものこそが文化なのであり、この意味で人は文化なしでは生きてゆくことはできない。

今日、我々はきわめて文化の衰退した時代にいる。

若者たちがコンビニの前にたまって、しゃがみ込んでいる姿をよく目にするが、まさにこれは今日の我々の文化、もしくは社会の姿そのもののように見える。この「しゃがみ込み」は守るという意識の裏返しと無関係ではないだろう。

とりわけ、あらゆるものがただ生活の便利だとか個人の趣味だとか、あるいはグローバル・スタンダードといったものに消費されてしまう現代では、文化は意識して守られねばならないようである。

そして、そのためには「武」や「剣」の精神がいるのだ。「文化」と「武」の両道は、何も日本だけのことではない。

中学生が道端で煙草を吸っていても何も言わない大人たち。電車の中で携帯電話を使っている女学生を見ても知らぬ顔をしている大人たち——。

一度、電車の中で携帯のことで聞いてみたことがある。車掌にであるが、「注意しても聞いてくれないし仕様がない」という返事が返ってきた。

まさに心の衰退、文化の衰退と言える。

前述したが、昔、沢庵禅師が柳生宗矩に『不動智神妙録』を書きあたえ、その他に一刀流小野次郎右衛門に対しては『大阿記』と題する剣法論を書きあたえた。

その内容を大略すれば、

「何時の場合においても心こそがすべての根源であり、まず心を鍛えよ。武道において、いくら術技に習熟していても生死を賭ける血戦の場に臨んでは、心の不安、動揺にさまたげられて充分にその術技が発揚されない。反面、そういう究極の場に対しても心の透徹して動揺しない人は、ふつうの場合以上の絶妙なる神技を発揮することができる。勝ち負けにとらわれないで融通無碍に術技を駆使するには、自己を超えた絶対の心的境地をひらく修養が必要になってくる。座禅による精神統一こそ、その裏打ちの最なるものである」

と沢庵禅師は説いているのだ。

今、この日本に必要なのは、精神面での強化ではないだろうか。社会の中で進んでいる倫理観の欠如、若者たちに必要なアイデンティティの欠如、自分さえよければいいという自己中心的な風潮。

しかし、日本人は昔から、謙虚、思いやり、正義感、質実剛健といった素晴らしいものをいっぱい持っていたのだ。それをいつの間にか忘れ去り、人々は骨抜きになっている。

今こそ、私たちは心を奮い立たせ、立ち直らなければならない。

数多くの「核兵器」を持っている国。

原爆を作ろうとしている国。

それが平和を保っているとするならば、危険この上もない錯覚である。ボタン一つ押せば世界は滅亡する、という現実を忘れてはならない。それを骨身にしみて知っているのは、世界で唯一原爆の惨禍を舐めた日本であるはずだ。ゆえに世界に向かって、胸を張って平和をアピールできる国なのだ。

しかし、いくら平和を叫んでみても犬の遠吠えのごとく、何の反応もないのが現実の世界である。

世界中に蠢いている、怨念、傲慢、貧富、無知、憎悪……人間の心の底にある悪の根源が失せない限り、平和は永遠にやっては来ないだろう。


釈迦は「人間が我執と我慾を除去して、人びとが互いに拝み合い、助け合い、心を通じ合って、ともに楽しく生きようとするところに、真実の平和が訪れる」という人間性に立脚した真理の道を説かれている。「すべては人の心によって善くも悪くもなる世の中だから、己の心をまず律せよ」と。

しかし、仏教の単なる諦めや口先だけの慈悲や忍辱《にんにく》を説いているだけでは、平和や住みよい世界を作ることはできないのが、現実の世界である。暴力団や悪魔のような無法者が、我が者顔で跋扈《ばっこ》し、不正や殺人が白昼堂々と行われており、正しい者が正しいと言うだけでは生きてゆけないのだ。

ゆえに、正しい心とそれに伴う力が必要になってくる。

それが技であり身体である。

仏教でも昔からそのことは言い尽くされている。不動明王の降魔《ごうま》の剣や金剛明王の独鈷や三鈷、四天王の槍や剣、あるいは慈悲無量と伝えられる観音菩薩さまですら千手観音のごとく弓矢や刀剣、槍などの武器を持っておられることからも、それは察知できる。

しかし現在は原子力が当たり前に存在する時代である。広島に落とされた一発の原子爆弾の威力は、神仏も人間の正義感も、何もかもふっ飛ばし、無にしてしまう人類破滅の力を持っており、そんな物を各国が大量に保有しているのが現実である。

元東京大学総長・矢内原忠雄博士は、仏教の在り方について次のように述べておられる。

「本来の宗教とはいかなるものであるか。それは人間の霊的生命と人格の尊厳を自覚させ、己のために生きるのではなく、神と隣人のために生きる愛を生み出し、かつそれを通じて、科学技術に正しい使用目的、国家権力に正しい政治目的を与えるとともに、その目的を遂行できうる人間を、作り出すものでなければならない」

これは昭和三十五年八月のことだから、三十数年経た今の時代を見越しての正論であるとしても、何か今の時代にはそぐわないように思われるのはなぜだろうか。

人間の知が、人間の愛や慈悲の心を追い越し、独り歩きしているからだ。

大きな力を持つ国が、おのれの国の繁栄や平和を保つためにのみ使う暴力が、世界のあちこちで火を燃やし続けている。

「今日のような世界情勢の下においても、もし世界を改善しようとするならば、まず人間を改造すべきである。人間を改造するためには、仏陀の遺した教えほど優れたものはない。もしも各国政府や個人が正しい仏陀の教えに従って、知恵と慈悲とをもって働くならば、よりよき世界の出現は疑いなき現実となるであろう」

と言ったインドのラダクリシュナン博士の言葉が、今ほど必要とされる時代はないように思える。

では、人間を改造するために仏陀の教えを広め浸透させることができるかと問われれば、「ＮＯ」と言わざるを得ない。今まで何度も世界大戦が起こって地球上で火を燃やし、多くの人命や財産が消滅してきた惨禍自体が、それを物語っている。

大昔から、仏教やキリスト教などの宗教も、耳が痛くなるほど人間の正しい生き方を説いてきたが、人間の心は頑なにそれを拒み、反発してきている。現在のイラク戦争の実態が、それを如実に証明しているのである。
矢内原忠雄博士やラダクリシュナン博士の言葉を世界中の指導者が理解し、実行するならば、平和は必ず訪れるはずである。しかしそれは理想論で、多くは『蜘蛛の糸』の中に出てくる揵陀多《かんだた》のように利己主義（エゴイズム）の亡者で、いつか必ず地獄の底へ舞い落ちることを知らぬ愚か者なのである。

「けふは花　見まじ未来がおそろしさ」

と小林一茶は詠んだ。これは、一茶が将来の世界の姿を予測しての嘆きの詩句だと思うのは考え過ぎだろうか。
一茶の思想の根底には、この世を「天地大戯場」と見る広大な世界観があった。つまり、この世に「生」を与えられて生きているすべてのものは、いつかはこの世から消えていくわけだが、今現実の世界を見ると人間だけではなく、生きとし生けるものすべてが、この世という舞台の上で悪戦苦闘しながら精一杯生きてゆこうとしている、というのである。

かく言う私も、過去、人と人とが殺し合う戦争に参加し、生死の境を経験したことから、生と死の何たるかを少しは知っているつもりだ。ゆえに、これまで述べてきたことは、私の真意であり本音でもある。

私の歩んできた長い人生の道は、善悪とりまぜ決して褒められるものではないだろう。しかし、だからこそ世の中のことを、ある程度見ることができるのかもしれない。

本書では、そんな私の生きてきた道を、衒いなく記してきたつもりである。

著者プロフィール
油井 眞次（ゆい しんじ）
1926年（大正15年）、広島県生まれ。

光る蜘蛛の糸

2004年 9月15日　初版第1刷発行

著　者　油井 眞次
発行者　瓜谷 綱延
発行所　株式会社文芸社
〒160-0022　東京都新宿区新宿1－10－1
電話　03-5369-3060（編集）
03-5369-2299（販売）

印刷所　株式会社エーヴィスシステムズ

ISBN4-8355-7908-9 C0095